AF357078

CONGRÈS INTERNATIONAL

D'ANTHROPOLOGIE & D'ARCHÉOLOGIE PRÉHISTORIQUES

CONGRÈS

INTERNATIONAL

D'ANTHROPOLOGIE & D'ARCHÉOLOGIE

PRÉHISTORIQUES

SESSION DE STOCKHOLM

PAR

M.-G. COTTEAU

PRÉSIDENT DE LA SOCIÉTÉ GÉOLOGIQUE DE FRANCE.

AUXERRE

IMPRIMERIE DE GUSTAVE PERRIQUET

RUE DE PARIS, 31.

1874

CONGRÈS

INTERNATIONAL

D'ANTHROPOLOGIE & D'ARCHÉOLOGIE PRÉHISTORIQUES

SESSION DE STOCKHOLM

Communiqué à la Société des Sciences historiques et naturelles de l'Yonne dans sa séance du 8 novembre 1874.

Le Congrès d'Anthropologie et d'Archéologie préhistoriques a tenu, cette année, à Stockholm, sa septième session. L'attrait que présentait un voyage dans les pays scandinaves si rarement visités des touristes français, l'importance des questions qui devaient être discutées, l'intérêt des excursions projetées, avaient attiré un grand nombre d'adhérents. Cent quatre-vingts français au moins s'étaient fait inscrire, et parmi eux plusieurs de nos compatriotes auxerrois. En faisant ce voyage de Suède, j'avais un double but : je ne voulais pas seulement assister aux séances et aux excursions du Congrès, je désirais aussi, et avant tout, étudier les collections d'histoire naturelle de Copenhague et de Stockholm, et notamment les magnifiques séries d'Échinodermes vivants que possèdent ces musées. Sans les avoir jamais vus, je connaissais depuis longtemps, par leurs travaux et par les lettres que nous avions échangées, M. Lütken et M. Lovén, qui ont organisé ces collections, mais je tenais beaucoup à me mettre en rapport plus direct avec eux. A tous les points de vue, le programme que je me proposais a été largement rempli ; je suis revenu enchanté de ce beau voyage, ravi de tout ce que j'avais vu, émerveillé des réceptions splendides qui nous ont été faites, profondément touché de l'accueil sympathique de tous les habitants.

Vous paraissez désirer que je vous présente, comme je l'ai déjà fait pour le Congrès de Bruxelles, le résumé de cette longue excursion; je le fais bien volontiers, au courant du souvenir, sans prétention scientifique, en vous demandant la permission de mêler de temps en temps au récit de l'archéologue les impressions du naturaliste, et quelquefois aussi celles du touriste.

Le Congrès s'ouvrait à Stockholm le 7 août. Le 30 juillet je prenais, le matin, le chemin de fer du nord, en compagnie de deux excellents amis, M. le comte de Saporta, botaniste éminent, mon collaborateur dans la *Paléontologie française*, et M. Ludovic de Maussion, qui au retour du voyage, devait être si rapidement et si cruellement enlevé à sa famille et à ses amis. Le premier jour, nous couchions à Cologne et le lendemain à Hambourg, où nous étions rejoints par mon frère et l'un de ses amis, M. Vaury. Nos compatriotes d'Auxerre étaient partis quelques jours plus tôt, et nous devions nous retrouver tous à Stockholm. Le 2 août, à onze heures du soir, j'arrivais à Copenhague, après avoir traversé en chemin de fer le Holstein, le Sleswig, la Fionie et une partie de l'île de Seeland. La route est longue et le trajet dure seize heures, mais le temps était superbe ; si le Holstein et le Sleswig manquent de pittoresque, la Fionie et le Seeland, avec leurs belles cultures, leurs magnifiques forêts de hêtres, offrent des paysages plus variés. Deux fois, du reste, à

Fredericia et à Nybord, on quitte le wagon pour prendre
le bateau à vapeur; c'est une diversion qui fait paraître la
route moins longue et moins monotone.

Je restai deux jours à Copenhague : ma première visite
fut pour le musée d'histoire naturelle ; c'est un véritable
palais, récemment construit, et qui a coûté plus de
quatre cent mille rixdalls. Dans une immense salle intérieure, très élevée, vitrée par le haut et richement décorée, sont placés les squelettes des grands mammifères
vivants et fossiles. Autour de cette salle s'étendent trois
étages de doubles galeries renfermant toute la série des
collections. Je rencontrai, dans son laboratoire, M. Lütken, le savant professeur de zoologie, et je visitai avec lui
en détail les collections des animaux inférieurs, et notamment la série des échinodermes, qui est très belle,
parfaitement installée et renferme plusieurs types d'une
extrême rareté. Presque toutes les espèces se trouvent à la
fois dans l'alcool et desséchées. Je passai de longues heures au milieu de ces richesses. C'est en examinant ces
collections et en étudiant les espèces fossiles recueillies
dans le Seeland, à Faxœ, que je formai le projet de voir,
à mon retour de Suède, cette localité classique pour
l'étude de la craie danienne. M. Lütken devait être, à
cette époque, absent de Copenhague, mais il me donna
tous les renseignements nécessaires et me promit d'écrire
à un de ses amis, M. Freuchen, qui habite Faxœ. Je vous
dirai plus tard combien ses indications et ses recomman-
dations me furent précieuses.

Je tenais également à visiter, pendant mon séjour à
Copenhague, le musée des antiquités du nord, assurément l'un des plus riches du monde et si parfaitement
organisé par son éminent directeur, M. Worsaae, aujour-

d'hui ministre de l'intérieur. J'avais connu M. Worsaae à Paris, en 1867, lors du congrès préhistorique ; je l'avais rencontré, il y a deux ans, à Bruxelles. Au moment où je visitais le musée, M. Worsaae se trouvait dans les salles, et j'eus la bonne fortune d'entendre, sur quelques-uns des objets les plus précieux, ses savantes observations.

La première salle renferme les débris de l'âge de la pierre taillée, recueillis, pour la plupart, dans ces amas de cuisine connus sous le nom de kjokkenmoddings ; ce sont des instruments tranchants en silex et en os, des bois de cerfs percés d'un trou, des aiguilles, des poinçons, des peignes en os, destinés sans doute à la fabrication du fil, des lames de silex dentelées en scie, des os d'animaux brisés et fendus pour en extraire la moëlle, tous ces objets mêlés à de nombreuses valves isolées d'huîtres, de bucardes et de moules, dont les animaux ont été mangés. Une des vitrines montre la coupe verticale d'un de ces amas de kjokkenmoddings, prise à Meilgard, en Jutland, à environ trois kilomètres et demi du rivage actuel, et donne une idée de l'aspect que présentent ces entassements de débris de cuisine mêlés à des instruments en os ou en silex.

La deuxième et la troisième salle sont consacrées à l'âge de la pierre polie. C'est là qu'on peut admirer toutes ces belles haches en silex, dont quelques-unes atteignent quarante centimètres de longueur et sont polies et aiguisées avec tant de soin, ces flèches de formes si variées, aiguës. triangulaires ou à ailerons, avec un pédoncule pour les fixer à la hampe, ces têtes de lances finement retouchées sur les bords et très habilement dentelées des deux côtés, ces racloirs en forme de demi-lunes et de croissants, ces couteaux en silex, tantôt droits ou légèrement recourbés, toujours taillés avec une rare perfection et dont la poignée est quelquefois artistement ornée. A ces objets en silex se joignent des grains de colliers en ambre, des poteries plus ou moins grossières, des instruments en os, des haches, des ciseaux et des lissoirs destinés sans doute à abattre les coutures des peaux de bêtes.

La quatrième et la cinquième salle représentent l'âge du bronze ; la civilisation a pris un grand développement ; les objets qui remplissent les vitrines varient à l'infini et souvent sont ornementés avec beaucoup d'art et de goût. Presque tous ont été recueillis dans des sépultures et appartiennent à deux périodes : la période d'ensevelissement, qui correspond au premier âge du bronze, et la période d'incinération correspondant au deuxième âge du bronze. Mêlés aux épées, aux poignards, aux haches de toutes formes, aux faucilles, aux trompettes de guerre, se trouvent des objets en or très nombreux et très précieux, des bracelets, des colliers, des diadèmes, des bagues, des feuilles minces et couvertes d'ornements repoussés, destinées à garnir les boucliers en bronze. Dans le tumulus de Treenhoi, en Jutland, qui remonte à la première période du bronze, on a trouvé, renfermés dans un cercueil en bois, des vêtements en tissus de laine ; leur conservation est parfaite ; ils se composent d'un bonnet de laine voisin de ceux que portent aujourd'hui encore les paysans norwégiens, d'un manteau, d'une espèce de jupon et de deux châles à grandes franges. Les tourbières du Danemarck ont fourni également beaucoup d'objets appartenant à l'âge du bronze, notamment une série de vases en or provenant de la tourbière de Lavindsgaard-Odense ; ils étaient déposés dans un grand vase de bronze, et munis de manches terminés en tête de cheval. Ces vases étaient destinés sans doute à un culte religieux.

Des moules en pierre et en bronze pour la fonte des haches, des monceaux de métal brut et de culots, recueillis dans les tourbières, indiquent que si l'industrie du bronze n'est pas originaire du Danemarck, elle s'y est développée, et que les objets de métal qu'on y rencontre ont été, en partie du moins, fabriqués dans le pays.

Les salles suivantes, au nombre de quatre, sont occupées par de nombreuses antiquités représentant l'âge du fer, cette dernière étape de la civilisation antéhistorique qui, dans le Danemarck, se prolonge depuis le iii° siècle jusqu'à l'établissement définitif du christianisme, vers le commencement du xi° siècle. L'argent et le verre font leur apparition à peu près en même temps que le fer. Des milliers d'objets de toute nature, recueillis dans les tombeaux et les tourbières, remplissent les vitrines. Beaucoup d'entre eux, qu'il serait trop long d'énumérer ici, sont décorés souvent avec un art inouï, et annoncent une civilisation toute différente de celle du bronze. Des monnaies grecques ou romaines, trouvées dans certaines fouilles et mêlées à ces objets, leur donnent une date à peu près positive, et indiquent les relations que ces peuplades, dont l'histoire tout entière est demeurée inconnue, avaient avec les autres habitants de l'Europe. Que d'antiquités curieuses à étudier ! Quel intérêt à suivre, à travers les siècles, ce développement des arts qui subissent successivement, tout en conservant un caractère d'originalité locale, l'influence romaine, orientale et byzantine. Des pierres runiques trouvées sur divers points du Danemarck, caractérisent la dernière période de l'âge du fer. Toutes ces séries sont d'autant plus intéressantes qu'elles proviennent presque exclusivement du Danemarck.

A Copenhague, je pris encore le temps de visiter le

magnifique château de Rosemborg, renfermant tant d'objets d'art ayant appartenu aux divers souverains du Danemarck : des tableaux, des statues, de superbes armures, des émaux, des porcelaines, des faïences, d'admirables bijoux, des meubles d'une grande richesse, reliques précieuses qui rappellent les splendeurs de ce petit pays et le rôle qu'il a joué, pendant les derniers siècles, dans l'histoire de l'Europe. Comme le musée des antiquités du Nord, le musée de Rosemborg, avec les trésors qu'il renferme, est placé sous la haute direction de M. Worsaae.

A peu de distance du château se trouve le nouveau jardin botanique. Il est à peine terminé et les ouvriers y travaillent encore, mais, dans quelques années, ce sera assurément l'un des plus beaux et des mieux installés que je connaisse. L'emplacement qu'il occupe est immense ; les serres chaudes et tempérées sont vastes et nombreuses ; les stations préparées pour les plantes alpines, pour les plantes marécageuses et d'eau douce, pour les végétaux des tourbières sont parfaitement appropriées à leur destination scientifique, et en outre très artistement disposées au point de vue pittoresque.

Le 5 au matin je quittais Copenhague. Le Congrès devait ouvrir le 7, et deux cents lieues au moins nous séparaient encore de Stockholm. Du reste, les membres du Congrès, français ou étrangers, arrivaient de toutes parts ; déjà, la veille, j'en avais rencontré plusieurs à l'hôtel, dans les rues, dans les musées. Sur le bateau à vapeur qui, de Copenhague, conduit à Malmœ se trouvaient, en même temps que nous, M. de Quatrefages ; M. Bertrand, le directeur du musée de Saint-Germain ; M. Sélys-Longchamps, qui me donna des nouvelles de M. d'Omalius-d'Halloy, son beau-père, cruellement atteint de paralysie depuis quelques mois ; M. Evans, président de la société géologique d'Angleterre ; M. Franck, le directeur du musée ethnologique de Londres ; M. Worsaae, avec lequel j'avais déjà renouvelé connaissance la veille, et beaucoup d'autres ; je revis aussi quelques-uns de nos amis de l'Yonne : M. Bonneville, M. Leclerc de Fourolles, M. Denormandie.

A Malmœ, on prend le chemin de fer de Stockholm. La route, bien qu'un peu monotone, ne manque pas de charme et d'intérêt ; les paysages sont gracieux et variés. Il s'agissait, du reste, d'un pays tout à fait nouveau pour moi, et je ne pouvais me lasser de regarder ces forêts de sapins, de pins et de bouleaux, ces maisonnettes en bois, peintes en rouge et toujours si coquettement posées, ces beaux lacs aux eaux tranquilles, parsemés d'îles verdoyantes, découpés à l'infini, tantôt couvrant quelques hectares à peine, tantôt, ainsi que le Wener ou le Wetter, ayant plus de cent kilomètres de longueur, sillonnés de bateaux à vapeur et se perdant à l'horizon comme une mer intérieure. J'admirais surtout l'aspect du sol, qui, partout, est littéralement couvert de graviers et de blocs granitiques anguleux plus ou moins considérables, entassés pêle-mêle, et démontrant, d'une façon si claire, si évidente, les phénomènes gigantesques dont cette contrée avait été le théâtre à l'époque glaciaire !

Je n'oublierai jamais ce beau voyage : avec M. de Saporta, M. de Maussion et son neveu, mon frère et M. Vaury nous occupions un wagon. Mon frère, qui avait déjà fait cette route et la savait par cœur, nous indiquait à l'avance les villes, les villages, les lacs. M. de Saporta se préoccupait surtout de l'état de la végétation ; il nous faisait observer que les hêtres, si magnifiquement développés dans la Fionie et le Seeland, avaient à peu près disparu ; que les chênes devenaient rares ; que les pins, les sapins prenaient, au fur et à mesure qu'on s'avançait dans le nord, un aspect particulier, et ses remarques doublaient pour moi l'intérêt du voyage. Puis, quand la route devenait un peu plus monotone, nous mettions sur le tapis quelques questions scientifiques à l'ordre du jour : entre M. de Saporta, un peu transformiste, et moi, quelque peu partisan de la fixité des types, la discussion aurait pu se prolonger indéfiniment, si quelque splendide moraine, quelque bloc erratique plus pittoresquement posé que les autres, en nous ramenant aux beautés de la route, ne nous eût promptement mis d'accord.

Pour ne pas voyager la nuit et bien voir le pays que nous traversions, nous nous sommes arrêtés le soir à Jœnkœping, sur les bords du beau lac Wetter, et le lendemain nous en repartions à huit heures. Le nombre des membres du congrès augmentait à chaque station. A celle de Laxa, j'eus le plaisir de me retrouver avec deux Auxerrois : M. Leras et M. Rétif, qui, partis un peu plus tôt, avaient fait un détour pour visiter Christiania. Je pus également, à cette même station, serrer la main de M. Hamy, l'un des secrétaires de la société d'Antropologie, et dont j'ai déjà eu occasion de vous parler dans mon compte-rendu de la session de Bruxelles. M. Hamy venait également de Christiania, où il avait été étudier le musée fort curieux d'Anthropologie. A sept heures du soir nous arrivions à Stockholm, et nous trouvions dans la gare, pour nous recevoir et nous guider, M. Landberg, l'un des aimables secrétaires du congrès et que j'avais rencontré plusieurs fois à Paris. Une heure après j'étais, ainsi que mes compagnons de route, parfaitement installé dans le Grand-Hôtel, qui, pour l'étendue, le confortable et la perfection du service, peut rivaliser avec l'hôtel du Louvre ou le Grand-Hôtel à Paris. Le lendemain matin, avant de quitter ma chambre, je reçus la visite de M. Lovén, prévenu depuis quelques jours de mon arrivée. M. Lovén est un des savants les plus éminents de l'Europe : ses beaux travaux sur les animaux inférieurs, notamment sur les Mollusques et les Échinodermes, lui ont valu le titre si recherché de correspondant de l'Institut de France. M. Lovén m'inspira de suite une vive sympathie, et les relations que j'eus avec lui, pendant mon séjour à Stockholm, sont un des meilleurs souvenirs que je rapporte de mon voyage.

La séance d'inauguration du Congrès avait lieu, à deux heures, au Riddarhuss ou Maison des Chevaliers. Ce palais remonte au temps de Gustave-Adolphe et appartient à la noblesse suédoise, qui l'avait mis gracieusement à la disposition du Congrès. La salle des séances, entièrement décorée de blasons, présente un grand caractère. Au moment où s'ouvre cette première réunion, elle est, malgré son étendue, à peu près remplie par les membres du Congrès. Indépendamment de ceux que j'avais rencontrés pendant le voyage, je remarque, parmi nos compatriotes, M. Berthelot, M. Cazalis de Fondouce, M. Chantre, M. Guimet, M. Oppert, M. Daly, M. le Dr Magitot et beaucoup d'autres ; parmi les membres étrangers : M. Desor, M. Capellini, M. Pigorini, M. Zittel, M. Dupont, M. Leemans, etc., etc.... Les membres suédois, norwégiens et danois sont nécessairement en grand nombre. C'est avec un vif plaisir que je retrouve, toujours plein de force et d'énergie, le doyen des archéologues de la Suède, le vénérable et savant M. Nilsson, que j'avais déjà eu l'honneur de voir plusieurs fois à Paris chez M. Hébert. Plus de cinquante dames, membres du Congrès et venues de tous les pays,

assistaient à la séance, et des places leur avaient été réservées à droite du bureau. A cette séance, j'eus encore la
bonne fortune de serrer la main de M. Camille Doucet,
l'aimable et spirituel académicien ; il était accompagné de
sa femme, de sa fille, de sa nièce, Mme Ameline, et de
M. Ameline, juge d'instruction à Corbeil. Visitant la Suède
en touristes, ils avaient profité de leur séjour à Stockholm
pour assister au congrès. J'eus l'occasion de me trouver
plusieurs fois dans leur agréable compagnie, soit aux
séances, soit aux excursions, soit aux fêtes qui nous
étaient données.

Cette première séance a été consacrée aux discours
d'ouverture et à la formation du bureau. Lorsque les
membres du congrès préhistorique de Bruxelles avaient
choisi la ville de Stockholm pour siége de la session de
1874, la présidence avait été offerte au prince Oscar, qui,
depuis, a été appelé au trône de Suède par la mort de
son frère. Le roi a cru devoir alors renoncer à la présidence et prendre le titre de protecteur de la session. A sa
place, M. le comte Hamilton, membre de l'académie des
sciences de Suède, grand chancelier des universités Suédoises, a été nommé président par acclamation. Les autres membres du bureau ont été choisis parmi les archéologues et les anthropologistes les plus distingués de
chaque nation ; la France a eu sa large part : M. de Quatrefages a été élu un des vice-présidents, MM. Cazalis de
Fondouce et Chantre ont été nommés secrétaires, MM. Bertrand et Berthelot, membres du conseil.

Dans cette séance d'ouverture, M. Hans-Hildebrand,
secrétaire général du congrès, et qui s'était occupé avec
tant de soin et de dévouement de son organisation, a présenté le résultat des recherches préhistoriques faites jusqu'ici en Suède ; il a insisté sur les découvertes les plus

récentes et résumé en quelques mots les principales questions qui devaient être discutées dans le sein du Congrès.

Au sortir de la réunion, M. Lovén m'emmena avec M. de Saporta au muséum d'histoire naturelle, où je visitai en détail ces belles collections moins richement installées peut-être que celles de Copenhague, mais qui me parurent plus complètes encore. Les salles relatives à la Scandinavie fixèrent surtout mon attention. Que de richesses ! que d'espèces curieuses et rarissimes, notamment parmi les poissons et les crustacés ! Un de ces crustacés, dont le nom m'échappe, vit à la fois dans la Baltique et dans les eaux douces ; il est probable qu'à l'époque quaternaire, lorsque la mer s'est retirée, l'espèce est restée dans les lacs et s'y est acclimatée peu à peu, s'habituant à vivre dans des eaux qui devenaient de moins en moins salées.

Avec quel intérêt j'examinai les animaux inférieurs, pêchés à de grandes profondeurs dans les mers du Groenland et du Spitzberg, et classés avec tant de soin et de savoir par M. Lovén. Plusieurs espèces fort rares d'astéries et d'ophiures manquaient à ma collection. Avec sa bienveillance habituelle, M. Lovén s'empressa de m'offrir toutes celles que le musée possédait en double. Pendant mon séjour, je revins souvent au musée de Stockholm ; c'était pour moi une satisfaction bien grande de pouvoir m'entretenir de mes chers oursins avec M. Lovén, qui les connait si bien et qui vient tout récemment d'en faire l'objet d'un travail très important. en ce moment sous presse. C'est encore au musée que je fis la connaissance de M. Nordenskiold, professeur de minéralogie, intrépide voyageur qui, cinq fois, est allé au Groenland et au Spitzberg, et a dépassé le 82ᵉ degré de

latitude. Jeune encore, M. Nordenskiold est une des gloi-
res scientifiques de la Suède ; il fut charmant pour moi
et mit une amabilité parfaite à me faire voir les collections précieuses qu'il a rapportées de ses voyages à
l'extrême nord, des séries fort belles de fossiles appartenant aux terrains anciens, triasiques et jurassiques, des
plantes miocènes qui rappellent une flore presque tro-
picale, et démontrent qu'à une époque relativement rapprochée de nous, la température de ces régions était loin
d'être ce qu'elle est aujourd'hui, des météorites, les plus
volumineuses qui existent, trouvées au Groenland dans les
terrains tertiaires.

Le soir de la première séance, une fête donnée par la
ville réunissait tous les membres du Congrès au Djurgarden, dans les jardins et le restaurant d'Hasselbacken.
La position de ce lieu de réunion très fréquenté des habitants de Stockholm, est vraiment ravissante ; de la terrasse
d'Hasselbacken, la ¡vue s'étend sur le lac Mœlar et sur la
ville : toute la journée le ciel avait été brumeux ; dans la
soirée le temps devint beaucoup plus clair et nous permit
d'admirer le splendide panorama que présentait la ville
de Stockholm éclairée par le soleil couchant et se reflétant
dans les eaux tranquilles du lac. Nous pûmes jouir à loisir
de ce beau spectacle, car à Stockholm, dans la saison où
nous étions, le soleil ne disparait que fort tard de l'horizon, et à dix heures il fait encore jour. Tout concourut du
reste à rendre charmante cette fête de bienvenue que la
ville nous offrait si gracieusement le jour de notre arrivée :
la musique, avec ses airs nationaux, des illuminations, des
feux d'artifice et de bengale, des rafraichissements de
toutes sortes et servis à profusion, un excellent souper auquel plus de douze cents personnes ont pris part, et par-

dessus tout l'accueil cordial et profondément sympathique des Suédois, qui tous paraissaient si heureux de nous faire les honneurs de la fête. Personne n'oubliera le toast porté dès le début par M. d'Ugglas, le premier magistrat de Stockholm. Je le vois et je l'entends encore à la tribune improvisée : c'est un homme de grande taille, à la figure distinguée, à la voix retentissante et sympathique. Après avoir porté un toast à la santé du roi, protecteur du congrès, il nous a souhaité à tous la bienvenue dans un français très pur et sans accent, avec des paroles énergiques, chaleureuses, partant du cœur et couvertes de mille applaudissements.

Le lendemain, 8 août, commençaient les travaux du congrès qui s'est prolongé jusqu'au dimanche 16 août. Ces huit jours ont été bien remplis; toutes les questions inscrites au programme et d'autres encore ont été longuement discutées. Chaque jour deux séances avaient lieu, l'une à dix heures et l'autre à deux heures. Deux journées ont été consacrées à de très intéressantes excursions; je vous en parlerai d'abord : la première avait pour but une visite à Upsal, à l'antique Œstra Aros, qui fut autrefois la capitale de la Suède, et l'étude, à quelque distance de cette ville, d'un tumulus gigantesque, qui avait été ouvert à grands frais et avec beaucoup de soin, afin que les membres du Congrès pussent en constater facilement la disposition intérieure. A huit heures du matin, un train spécial et gratuit nous emmenait à Upsal, au nombre de plus de mille, tous membres du Congrès; le trajet dura deux heures; après avoir dépassé la ville d'Upsal, dont la belle cathédrale se profile à l'horizon, on ne tarde pas à voir, à droite du chemin de fer, une série de petites collines aux pentes arrondies; c'est l'emplacement de l'an-

cienne nécropole, ce sont les tumuli d'Upsal; trois d'entre
eux se remarquent de loin à leur énorme dimension , à
leur forme conique, et renferment, suivant la tradition, les
restes d'Odin, de Thor et de Frey, ces rois légendaires de
la Scandinavie. En approchant on reconnait bientôt celui
qui a été ouvert pour le Congrès; déjà, du reste, une foule
nombreuses, venue des environs, se pressait aux alentours.

Le train s'arrêta juste en face du tumulus, éloigné d'un
kilomètre du chemin de fer. Cette ancienne et gigantesque sépulture est très curieuse à examiner; pour en saisir
les proportions, il faut se trouver à la base. C'est une véritable montagne élevée de mains d'hommes; sa hauteur est
de plus de vingt mètres, sa longueur de trente-cinq à
quarante, mais comme elle se trouve placée sur un tertre
naturel déjà d'une certaine élévation, elle parait beaucoup
plus large et beaucoup plus haute. Le tumulus avait été
ouvert dans une grande partie de son étendue, et il était
facile d'en étudier la structure : la base est une argile
compacte et durcie, sur laquelle repose une petite émi-
nence de sables noirâtres, mélangés d'ossements calcinés;
ce sont les débris du bûcher au milieu duquel de précieux ornements en or, des restes de vêtements, un frag-
ment d'os, sur lequel était gravé un amour, ont été trouvés
au moment des fouilles. Quelques grosses pierres ap-
portées de loin et qui gisaient encore dans le tumulus,
recouvraient et protégeaient cet amas noirâtre. Au-dessus
s'étendait une couche de sept à huit mètres d'épaisseur
de sables et de graviers, puis une couche, plus épaisse
encore d'argile durcie, formant avec le sable une ligne
très tranchée; le tout était recouvert par une assise très
mince de terre végétale et d'humus. Monté sur une des
pierres dont nous venons de parler, le secrétaire général,
M. Hildebrand, nous donnait, au centre même du tumu-

lus, des explications scientifiques du plus grand intérêt :
il nous montrait comment ces couches puissantes de sable
et d'argile, et qu'au premier aspect on aurait pu croire
déposées naturellement et par un phénomène géologique,
étaient bien réellement l'œuvre de l'homme et formées de
matériaux pris dans le voisinage même ; il nous disait que
la couche épaisse d'argile qui s'étendait au-dessus des
sables était, suivant les rites funéraires, destinée à empê-
cher l'infiltration des pluies ; que les amis du mort, dernier hommage rendu à sa mémoire, avaient apporté successivement cette argile dans des corbeilles ou dans des
sacs, et que cette couche variait ordinairement d'épaisseur en raison de l'importance du défunt ; il nous faisait
voir, dans l'argile même que les fouilles ont mise à découvert, la trace de ces apports successifs et multipliés.
Puis, cherchant à préciser l'âge de cette antique sépulture,
il ajoutait que les ornements en os et en or rencontrés au
milieu des ossements calcinés, caractérisaient l'époque
romaine et scandinave du ive siècle, et donnaient ainsi
une date presque certaine à ce monument, qui n'en appar-
tenait pas moins à une époque préhistorique pour la Suède,
et dont l'origine était devenue légendaire.

Il était près de onze heures quand nous quittions le
tumulus. Une demie-heure après nous arrivions à Upsal ;
là nous attendait une réception tout à fait originale. Les
étudiants avaient tenu à faire aux membres du Congrès un
accueil digne de la vieille et célèbre université. Bien qu'en
vacances, ils étaient revenus presque tous et se trouvaient
à la gare en grande tenue, coiffés de leurs casquettes
blanches bordées de velours noir, et, avec leurs bannières
déployées ; ils s'étaient joints aux autorités d'Upsal pour
nous souhaiter la bienvenue. Après les discours et les
hourras obligés, le Congrès se dirigea vers l'Université et

le jardin botanique, situés à l'extrémité de la ville. Les étudiants nous précédaient avec leurs bannières, et faisaient entendre avec beaucoup d'ensemble et d'harmonie, des chants suédois anciens et patriotiques. La foule qui nous accompagnait était énorme, les maisons étaient pavoisées de drapeaux et les fenêtres garnies de monde.

Cette promenade presque triomphale à travers la ville, cette musique, ces chansons nationales que nous ne comprenions pas, mais qui cependant avaient quelque chose de saisissant, ont laissé, j'en suis sûr, dans l'esprit de tous ceux qui ont assisté à cette fête, un souvenir qui ne s'effacera pas. L'université d'Upsal domine la ville; c'est un vaste et beau bâtiment qui renferme la bibliothèque, de 200,000 volumes, les salles de cours, les laboratoires, etc. Les étudiants nous conduisirent au jardin botanique, qui est à droite de l'Université. Ce jardin, l'un des plus anciens de l'Europe, a été créé par Linnée; ce n'est pas sans une émotion profonde, que je pénétrai sous ces ombrages séculaires et que j'admirai ces vieux arbres plantés par le grand naturaliste. Sa statue en marbre blanc se trouve dans le vestibule qui conduit aux serres; avant toutes choses, je voulus aller la saluer et rendre ainsi hommage, autant qu'il était en moi, au véritable fondateur de l'histoire naturelle, à notre maître à tous!

Ce fut avec une réelle satisfaction, qu'au retour de mon pèlerinage à la statue de Linnée, j'aperçus, sous les ombrages du jardin, d'immenses tables dressées et garnies d'un abondant et excellent déjeûner; les étudiants et surtout les commissaires de la fête, qui se reconnaissaient à de larges rubans rouges portés en sautoir, tenaient à nous servir eux-mêmes, et cela avec un empressement et une bonne grâce que je ne saurais dire.

Jamais hospitalité ne fut plus aimablement et plus largement offerte. Avec le champagne commencèrent les toasts, très nombreux comme d'habitude. Parmi les meilleurs et les plus applaudis, je citerai celui de M. Desor, à la vieille université d'Upsal, celui de M. de Saporta, à Linnée, le premier des botanistes ; celui de M. de Quatrefages, aux étudiants d'Upsal ; ce dernier toast, qui correspondait si bien à la pensée que nous avions tous, a été couvert d'unanimes applaudissements et de hourras mille fois répétés. Les étudiants étaient dans l'enthousiasme, et, séance tenante, ils ont offert à M. de Quatrefages une de leurs casquettes blanches, ce qui est une grande marque de faveur. Le savant et sérieux professeur s'en couvrit aussitôt, et le soir, en revenant à Stockolm, il la portait encore et en paraissait très heureux. Les dames étaient nombreuses à l'excursion ; avant de quitter le jardin, chacune d'elles reçut des étudiants, attention charmante et délicate, un très joli bouquet, en souvenir de la fête.

Avant de reprendre le train spécial qui nous attendait à la gare, nous avions deux heures à passer à Upsal. Nous en profitâmes pour voir la ville, toujours accompagnés des étudiants qui s'étaient partagé les membres du Congrès et cherchaient de mille manières à se rendre utiles et à nous être agéables. Je visitai d'abord, tout près du jardin botanique, l'Université (*Carolina rediviva*), et dans la bibliothèque, je vis le fameux *Codex argenteus*, traduction gothique des Quatre-Évangiles. Ce livre remonte au iv⁰ siècle, et est imprimé à la main, en caractères en relief très anciens. De là, je suis allé à la cathédrale, qui date du xv⁰ siècle ; c'est la plus grande et la plus célèbre du Nord, mais en la comparant à nos monuments gothiques, elle m'a paru au-dessous de la plupart de nos cathédrales de second ordre ; elle renferme quelques objets d'art précieux, et plusieurs mausolées intéressants. Dans l'un d'eux repose *Carolus Linnée, princeps botanicorum*.

Nous avons visité ensuite les différents musées, qui n'offrent que peu d'intéret à côté de ceux de Stockholm, et une école élémentaire admirablement installée, avec ses salles d'études, sa salle des conférences, son gymnase, et remarquable surtout par le confortable et la propreté exquise qui régnent partout.

A quatre heures le signal du départ est donné ; les étudiants, les habitants du pays nous reconduisent en grand nombre. Au moment où le train s'ébranle, les mouchoirs, les casquettes s'agitent, les hourras, les cris d'adieu retentissent de tous côtés, et il en fut ainsi, non-seulement à la gare d'Upsal, mais aux autres stations. Partout une foule nombreuse nous attendait et nous saluait au passage. A six heures nous étions de retour à Stockholm.

La seconde excursion, non moins intéressante que la première, bien que d'un caractère tout différent, était destinée à visiter l'île de Bjœrkœ, et le château royal de Gripsholm. Cette fois ce n'était plus en chemin de fer, mais dans des bateaux à vapeur que l'excursion devait avoir lieu. Le roi de Suède, absent de Stockholm au moment de l'ouverture du Congrès, assistait la veille à la séance, et avait annoncé qu'il ferait partie de l'excursion ; les membres du bureau avaient été invités à prendre place dans le bateau royal. A huit heures, trois bateaux à vapeur, pavoisés de drapeaux, nous attendaient sur le quai de Riddarholmen et furent bientôt envahis et remplis par les membres du Congrès. Il faut près de deux heures pour se rendre à l'île de Bjœrkœ, qu'on devait visiter d'abord. Rien de ravissant comme le trajet sur le lac Mœlar, assurément le plus beau de la Suède; rien de pittoresque comme ces myriades d'îles, au milieu desquelles le bateau s'engage ; leur aspect varie à chaque instant : tantôt elles sont ornées de châlets et de gracieuses maisons de campagne, et elles descendent jusqu'au bord de l'eau en pentes verdoyantes et adoucies ; tantôt les rivages sont abruptes, escarpés, couronnés de forêts. Souvent elles se réduisent à de petits îlots formés de blocs de granite entassés, au milieu desquels ont poussé quelques bouleaux ou quelques sapins.

Au sortir de Stockholm, le bateau glisse entre les îles, et les longe quelquefois de très près, mais bientôt l'horizon s'élargit, et le lac, comme une vaste mer, s'étend presque à perte de vue ; puis les îles se multiplient, se rapprochent et le lac se resserre de nouveau pour s'élargir un peu plus loin ; on passe tout près de l'île de Kunsgatt (île du Chapeau), dont les rives sont très escarpées, très hautes, couvertes à peine de quelques rares broussailles, et qui présente au sommet, un poteau surmonté d'un vaste chapeau en fer blanc. Suivant la légende que nous raconte un suédois, ce chapeau marque l'endroit ou un des rois de ce pays laissa tomber son couvre-chef, en se précipitant à cheval du haut de la falaise dans les eaux du lac, pour échapper aux ennemis qui le poursuivaient.

L'île Bjœrkœ ne tarde pas à se montrer à l'horizon ; nous la reconnaissons de loin à ses rives élevées, un peu dénudées, et à la foule déjà nombreuse des curieux qui se pressent à l'endroit où nous devons débarquer. Nous arrivons à peu près en même temps que le bateau royal ; des vivats et des hourras nous saluent au moment où nous mettons le pied à terre, et nous passons sous des arcs de triomphe en feuillages que les habitants

de l'île ont élevés en l'honneur des membres du Congrès.
Il s'agissait de visiter, dans l'île de Bjœrkœ, l'emplacement
d'une ville préhistorique, relativement considérable. Aucun vestige n'existe à la surface du sol ; mais des fouilles
importantes, récemment éxécutées à l'intention du Con-
grés, ont mis à découvert des restes de constructions
souterraines et une quantité énorme de débris de cuisine,
au milieu desquels se trouvent de nombreux objets de
l'industrie qui permettent de reconnaître les mœurs, les
usages , l'état de civilisation des anciens habitants de ces
contrées. A quelques centaines de mètres de la ville,
s'étend une série innombrable de petits tumuli, aujour-
d'hui couverts de sapins et de bouleaux. C'était le cimetière
ancien ; malheureusement plusieurs de ces tumuli ont été
éventrés et fouillés à différentes époques pour en extraire
les objets précieux qui accompagnaient les restes des
morts, mais il en est encore beaucoup qui n'ont pas été
ouverts.

Les membres du Congrès se dirigèrent d'abord vers
les tumuli; pressés les uns contre les autres comme
de petites collines. et au nombre de plus de deux mille, ils
occupent, sur les bords du lac, une vaste étendue de terrain. Monté sur une de ces collines, M. Stolpe, qui dirige
avec tant de soin les fouilles entreprises au frais de l'Etat
dans l'île de Bjœrkœ, nous a exposé le résultat de ses
découvertes ; quoi de plus saisissant que ces explications
données sur les lieux mêmes , en face de cette ville dis-
parue depuis tant de siècles et remplacée par des champs
que la charrue cultive. Le roi est à la droite de M. Stolpe,
les membres du bureau l'entourent , les autres membres
du Congrès s'étagent et se groupent sur les pentes du tertre tumulaire. M. Stolpe s'exprime en excellent français,
sa voix est claire et retentissante; aucune de ses savantes

explications ne m'échappe. Je vais essayer de les résumer en quelques mots :

L'emplacement de la ville, d'après les fouilles qui ont été faites, occupe environ six hectares, partout recouverts d'une couche épaisse de cendre, de charbon, d'os d'animaux et de rebuts de cuisine. C'est dans cette couche, accumulée pendant des siècles, qu'ont été rencontrés un grand nombre d'objets appartenant à la civilisation du dernier âge du fer, des bijoux en or et en argent, des agrafes, des anneaux, des aiguilles, des vases, des fibules en bronze ornées de têtes de dragon, une foule de perles en verre, en cristal de roche, en cornaline, en agathe, en ambre, etc., des épées, des pointes de flèche, des couteaux, des ciseaux, des peignes de tisserand, des gouges de charpentier, un instrument de supplice, un carcan probablement, le tout en fer; une foule d'objets en os, des aiguilles, des peignes, des cuillers, des manches de couteaux, des pièces d'échec, plus de trois cents patins de toutes grandeurs. très ingénieusement fabriqués avec des os de bœuf et des cornes d'élans ou de rennes; des pesons en argile durcie, des milliers de fragments de poterie et de vases en verre, des pièces à frotter en verre, ayant servi à lisser les étoffes, des poids pour les filets, des pierres à aiguiser, des moulins à bras, des étoffes et du fil, etc., etc. M. Stolpe, en outre de ces débris de toute nature, signale deux trouvailles, deux trésors évidemment enfouis ; le plus important, trouvé à trente centimètres de profondeur, dans une sébile de fer, plate, renfermait un grand nombre de bracelets et de fibules en argent et beaucoup de monnaies antiques également en argent.

M. Stolpe, dans les débris de cuisine, a du déterminer la présence de plus de cinquante espèces d'animaux sauvages ou domestiques, parmi lesquels. en dehors de ceux qui habitent aujourd'hui la Suède, il a reconnu un certain nombre d'espèces provenant de localités éloignées, et qui indiquent que ces peuples avaient des relations commerciales assez étendues, et poussaient leurs excursions jusqu'au fond de la Baltique. Les habitations, construites en bois et en osier, n'ont laissé d'autres vestiges que des fragments d'argile durcie et calcinée, portant encore l'empreinte des doigts qui les ont pétris et des brindilles d'osier que cet argile servait à calfeutrer. Ces maisons, bâties en pisé, comme quelques cabanes actuelles de la Scanie, ont sans doute été détruites à la suite d'un incendie considérable. La ville était défendue, du côté du sud, par une enceinte fortifiée, formée de grands blocs de granite brut et qui subsistent encore. Une pareille enceinte la protégeait également du côté des tumuli, sur lesquels elle avait accès par six issues différentes. Quant aux tumuli, ils contiennent des ossements brûlés, souvent déposés dans une urne en terre cuite, des ornements de bronze, des os d'animaux domestiques, et présentent tous les caractères des sépultures de l'âge du fer.

Suivant M. Stolpe, cette ville, entièrement détruite, si longtemps oubliée et dont l'origine se perd dans la nuit des temps, serait la ville de Birka, célèbre par son commerce, et dans laquelle Ansgarius, d'après la tradition, prêcha, pour la première fois, le christianisme aux sectateurs d'Odin. Elle florissait surtout entre le viie et le xe siècle. Au commencement du xie siècle, elle fut détruite par des pirates de la Baltique. Une croix en granite qu'on aperçoit de loin, a été élevée, il y a quelques années, près de l'emplacement de la ville détruite, sur un des points culminants du rivage, à la mémoire d'Ansgarius, et rappelle que la première prédication de l'Évangile en Suède a eu lieu à Birka.

A la suite de ces explications intéressantes, les membres du Congrès se répandirent au milieu des fouilles. Mêlés à la terre noiratre et charbonneuse, se montrent des milliers d'ossements de cerf, d'élan, de mouton, de bœuf, de cheval, de sanglier, etc., les mâchoires sont presque intactes; les os longs sont brisés pour en extraire la moelle. Plusieurs d'entre nous furent assez favorisés pour rencontrer, au milieu de ces ossements, quelques objets curieux de l'industrie.

Une collation champêtre nous attendait près de la croix de granite, et l'on y fit honneur, malgré tous les débris de cuisine dont quelques membres du Congrès s'étaient chargés. Le roi paraissait heureux de cette excursion, et circulait au milieu de nous, se mêlant à quelques groupes et exprimant son opinion sur les faits dont nous avait entretenus M. Stolpe. Sa Majesté vint à passer près de M. de Maussion, de M. Vaury et de mon frère. Vive le roi, cria M. de Maussion. Le roi se retourne. « Vous êtes Français, Monsieur, je vous reconnais à votre accent, permettez-moi de vous remercier et de vous serrer la main. » Le roi serra également la main de M. Vaury et de mon frère et s'entretint quelques instants très familièrement avec eux. Dans la soirée, M. de Maussion, en me racontant cet épisode de notre excursion, me disait : ce sera un des meilleurs souvenirs de mon voyage. Pauvre et cher ami, il ne devait point en conserver longtemps la mémoire!

Après le déjeuner, nous quittâmes l'île de Bjœrkœ, au milieu des cris d'adieu et des hourras de la foule, et les bateaux reprirent leur course à travers les îles du lac; deux heures après, nous arrivions à la petite

ville de Mariefred, près de laquelle s'élève le château
de Gripsholm. Cet édifice, qui remonte au xiv° siècle,
a longtemps servi de prison d'Etat; dans ces derniers
temps, il a subi de nombreuses réparations destinées
à lui rendre son ancien aspect; aujourd'hui, c'est un
musée comme celui de Versailles; il renferme plus de
deux mille portraits représentant toutes les célébrités
historiques, scientifiques et littéraires de l'Europe. On
y voit en outre une salle d'armes et quelques antiquités
curieuses.

Après avoir visité le château, je descendis dans les
jardins qui s'étendent sur les bords du lac. Des tables
étaient dressées à l'ombre des grands arbres, et un de
ces excellents repas, auxquels nous avait habitués l'hospitalité suédoise, nous fut servi. A six heures, nous re-
prenions nos bateaux pour rentrer à Stockholm à dix
heures, au milieu des coups de canon, des feux de bengale et d'artifice, des illuminations qui se reflétaient dans
les eaux du lac, des hourras et des vivats partant de
toutes les maisons de campagne, et qui fêtaient ainsi le
retour du Congrès.

J'ai maintenant à vous parler des séances, alternant
avec les excursions. Le compte-rendu *in extenso* sera
publié, ainsi que tous les mémoires qui ont été lus ou
présentés; je me bornerai à vous dire quelques mots des
questions les plus intéressantes. La première inscrite au
programme était celle-ci : *Quelles sont les traces les plus
anciennes de l'existence de l'homme en Suède?* M. le baron
Kurck, MM. Worsaae, Evans, Desor, de Quatrefages, Bertrand, prennent part à la discussion. Il en résulte que,
suivant toute probabilité, l'homme n'existait pas dans
la Scanie à l'époque glaciaire. Cette hutte de pêcheur

dont les débris, suivant M. Martins et quelques autres
auteurs, ont été découverts à Sodertelje, dans des dépôts
glaciaires, serait, d'après MM. Torell et Hildebrand,
relativement moderne, et ensevelie dans des éboulements
de sable glaciaire à une époque récente. M. Desor vient
appuyer cette opinion; il ne peut croire à l'existence de
l'homme glaciaire en Scandinavie : les découvertes qui
ont été faites en France, en Allemagne, et tout récemment
en Suisse, près de Schaffouse, nous montrent dans ces
régions, à l'époque glaciaire, des restes de l'industrie
humaine mêlés à des débris d'animaux scandinaves et à
une flore même boréale. Puisque l'on trouvait à cette
époque, dit M. Desor, sous une latitude de 47 à 48 degrés,
la faune et la flore qui existent aujourd'hui à une latitude
de 20 degrés plus au nord, comment était-il possible à
l'homme de vivre dans cette dernière contrée, quand il
avait de la peine à vivre à 20 degrés plus au sud ! Ce
qu'il y a du reste, de certain, et ce qui corrobore entièrement les paroles de M. Desor, c'est que dans la Suède,
jusqu'ici, aucun débris pouvant se rapporter à l'époque
paléolithique, n'a été recueilli; on y trouve bien des silex
éclatés, taillés et non polis et d'un travail plus ou moins
grossier, mais, ainsi que l'a dit le baron Kurck, ils se
rencontrent toujours mêlés aux silex polis ou finement
retouchés. Ces formes, si diverses d'aspect et de travail, sont
contemporaines et caractérisent la même époque. Les
deux âges de la pierre, si distincts en Danemark, suivant M. Worsaae, sont confondus dans la Suède en une
seule et même période. La civilisation a commencé en
Danemark beaucoup plus tôt qu'en Suède; le Jutland et
les côtes de l'ouest étaient habités depuis longtemps, que
la Scanie, et à plus forte raison les régions du nord, étaient
encore sous les eaux et couvertes de glaciers. Ce n'est que

lentement et peu à peu que l'âge de la pierre s'est avancé
vers le nord ; l'époque des Kjokkenmoddings n'existe pas
en Suède.

La deuxième question du programme : *Comment se
caractérise l'âge de la pierre polie en Suède? Faut-il attri-
buer les antiquités de cet âge à un seul peuple, ou peut-on
établir la co-existence de plusieurs tribus qui ont habité les
différentes parties de la Suède?* a été l'objet de plusieurs
communications importantes. sans qu'on soit arrivé,
cependant, à une solution bien positive. MM. Nilsson,
Montelius, Rygh, Hildebrand, de Quatrefages. Worsaae,
etc., etc., ont pris successivement la parole. M. Nilsson
pense que les traces les plus anciennes de l'homme en
Suède ont été rencontrées sur le littoral méridional de la
Baltique, entre Telleborg et Falstabo. Près de cette dernière localité, et se prolongeant aujourd'hui dans la mer,
se trouve une tourbière, formée dans les eaux douces, et
qui dénote l'existence d'une terre réunie alors à l'Allemagne, dont elle constituait la limite septentrionale. Dans
cette tourbière se rencontrent des ossements de renne et
des outils de pierre qu'on peut considérer, suivant le savant archéologue, comme les vestiges les plus anciens de
l'existence de l'homme en Scandinavie.

M. Montelius, relativement à cette question, a présenté
une carte archéologique de la Suède : il distingue dans
l'âge de la pierre polie quatre espèces de sépultures : les
dolmen, les sépultures à galeries, les grands cercueils
en pierre et les sépultures sous tumulus; il en fait
connaître la distribution, et démontre que les tombeaux
de l'âge de la pierre polie, dans les provinces méridionales de la Suède, se trouvent principalement le long
des côtes et des cours d'eau.

A l'appui de sa carte archéologique, M. Montelius

met sous les yeux du Congrès un tableau synoptique de tous les objets de pierre trouvés en Suède, au nombre de plus de 37,000. Les outils de silex, plus nombreux que ceux de pierre dure, vont en diminuant au fur et à mesure qu'on s'avance vers le nord, et finissent par disparaître tout-à-fait. Dans ces contrées, deux peuples distincts paraissent s'être servis d'instruments de pierre. Le peuple du nord, d'origine lapone, fabriquait des outils en schiste noir, tandis que les populations du midi employaient principalement le silex.

M. Rygh ajoute qu'en Norwège les antiquités en silex sont très rares, qu'elles le deviennent de plus en plus dans le nord, et qu'on cesse absolument de les rencontrer vers le 65e degré de latitude. Elles sont alors remplacées par des instruments en schiste noir, en grès, de forme toute différente, ayant appartenu à un peuple distinct et que M. Rygh considère comme les ancêtres des lapons. A ces objets en schiste sont associés des instruments en os et en bois de renne, abondants surtout vers le cap nord et au-delà du cercle polaire. Ces antiquités, dit-il, sont particulières aux Lapons qui, au commencement de ce siècle, en étaient encore à l'âge de la pierre polie.

Envisageant la question à un autre point de vue, M. Hildebrand examine la distribution générale des dolmen dans l'Europe, et se demande si ces tombeaux, qui partout présentent un aspect à peu près identique, doivent être attribués à un peuple unique ou à différentes tribus ; il admet de préférence cette dernière hypothèse et pense que si plusieurs peuples ont adopté une forme de sépulture à peu près semblable, c'est par suite de l'idée toute naturelle qu'ils ont eue d'imiter pour le tombeau des morts la demeure des vivants. Du reste, ajoute

M. Hildebrand, si les dolmen les plus éloignés se ressemblent, considérés dans leur ensemble, ils diffèrent essentiellement dans les détails, et ces différences tendent à établir que ces sépultures sont l'œuvre de plusieurs tribus distinctes. Revenant aux dolmen de la Suède, M. Hildebrand donne de précieux renseignements sur la forme des dolmen et des sépultures à galeries de la Vestrogothie et de la Scanie. Les animaux domestiques existaient déjà en abondance : dans un tombeau de la Scanie, rapporté à cette époque, M. Hildebrand a trouvé le squelette entier d'un chien et de nombreux débris de bœuf, de cheval et de cochon, appartenant tous à des races domestiques.

A l'occasion de la discussion de cette question, il a été donné lecture d'un mémoire de M. de Mortillet, qui vient confirmer l'opinion de M. Hildebrand et conclut à la non-existence du peuple des dolmen. M. de Mortillet, que nous avons eu le regret de ne pas voir aux séances du Congrès, s'appuie non seulement sur les variations que présentent les dolmen, suivant la région où on les observe, mais aussi et principalement sur la diversité des débris humains trouvés dans ces monuments, et qui paraissent caractériser des populations bien distinctes. Le dolmen, d'après M. de Mortillet, est une dérivation de la grotte sépulcrale ; l'ensevelissement a d'abord eu lieu dans la grotte naturelle, mais les grottes devenant rares, on s'est mis à creuser des grottes artificielles ; puis on en a fabriqué de toutes pièces avec des matériaux rapportés : ce sont les dolmen. Toutes les transitions existent donc, dit M. de Mortillet, entre les deux extrêmes, la grotte naturelle sépulcrale et le dolmen ; ce dernier n'est qu'une des formes d'un usage funéraire qui s'est répandu de proche en proche chez des peuples

nombreux et divers ; il ne peut, par conséquent, servir à
caractériser un peuple spécial.

La question du commerce de l'ambre jaune a occupé
plusieurs séances du Congrès. L'ambre est une substance
organique fossile, de la classe des combustibles, et d'un
aspect à peu près semblable à celui de la résine. On le
rencontre dans les terrains tertiaires inférieurs en masses
mamelonnées et noduleuses, d'un volume très variable.
L'ambre se taille à la manière des pierres précieuses ; il
est cassant, d'une dureté médiocre, et peut cependant
recevoir un beau poli. Aux époques du bronze et du fer,
et même à l'âge de la pierre polie, on s'en servait pour
fabriquer des perles, des bracelets et autres ornements.
D'où proviennent les bijoux d'ambre jaune qu'on rencontre dans les dolmen et les sépultures antiques de
presque toute l'Europe?... Cette question devait nécessairement être traitée au Congrès de Stockholm, car on sait
que l'ambre jaune est abondant sur les côtes méridionales
de la Baltique et celles de la mer du Nord. Suivant
M. Stolpe, suivant M. le docteur Wiberg, ces régions ont
été dans l'antiquité les deux points de départ du commerce de l'ambre. A l'âge du bronze, il est déjà employé
fréquemment en Suède, mais à l'âge de fer il devient
d'un usage beaucoup plus fréquent. M. Stolpe cite la
trouvaille de Jœnkœping qui renferme environ deux cents
pièces d'ambre. C'est vers cette époque qu'il a dû être
transporté dans un grand nombre de pays éloignés, et
notamment en Italie, à Marzabotto, à Villanova et chez
les Etrusques. Ce n'est que beaucoup plus tard, suivant
lui, que l'ambre originaire de Sicile a été connu, et il ne
pourrait être confondu avec celui qui provenait des rives
de la Baltique. Les monnaies grecques recueillies dans

la presqu'île de Sameland, la Baltia des anciens, démontrent que les Grecs de la mer Noire venaient s'appro-
visionner dans cette région. Des trouvailles grecques et
romaines, échelonnées, pour ainsi dire, permettent de
reconnaître les routes que le commerce des régions du
midi avec celles du nord, a suivies à diverses époques,
tantôt par l'Olbie et le Dnieper, tantôt par la Vistule,
l'Oder et le Danube, et à une époque plus récente, après
la conquête des Gaules, par l'embouchure de l'Elbe, le
Rhin et le Rhône jusqu'à Marseille.

M. Capellini ajoute quelques détails intéressants sur
l'ambre italien : celui de Sicile, qui n'est pas certainement celui des nécropoles, est mentionné pour la première fois, en 1639. Aldrovande cite, d'après Strabon,
l'ambre de Bologne; il est vrai que cet ambre est in-
connu de nos jours, mais il pouvait néanmoins exis-
ter, et peut-être l'ambre rougeâtre de Villanova et de
Marzabotto était-il de l'ambre Bolonnais. C'est à Felsina,
d'après M. Capellini, que commencent à se montrer des
morceaux d'ambre jaune provenant incontestablement
des régions du nord. En résumé, le savant archéologue
de Bologne croit que les étrusques se sont d'abord servis de l'ambre qu'ils avaient chez eux, et que ce n'est
que plus tard que leurs relations de commerce avec les
peuples du nord leur ont procuré de l'ambre jaune
venant des bords de la Baltique. Suivant M. Pigorini,
les ornements en ambre jaune ne se rencontrent pas
en Italie avant l'âge du fer.

M. Cazalis de Fondouce pense que le commerce de
l'ambre existait en France longtemps avant l'âge du
fer. Dans le trésor de Réalon, qui est de l'âge de
bronze, M. Chantre, dit-il, a reconnu une perle d'ambre, et lui-même, dans le midi de la France, à la

Roquette, commune de Saint-Pargoire, dans le département de l'Hérault, a recueilli plusieurs perles d'ambre dans une sépulture mégalithique, présentant par sa forme la plus grande analogie avec la *Chambre des Géants* de la Dordogne, M. Cazalis n'hésite pas à rapporter cette sépulture à l'époque des Dolmen du midi de la France, à la fin de l'âge de la pierre polie, à l'époque de transition de cet âge à celui du bronze.

M. Wirchow ne croit pas que les hommes de Villanova et de Marzabotto aient employé l'ambre italien ; ils se servaient de l'ambre jaune du nord qu'ils échangeaient contre des objets d'ivoire et de bronze ; le cimetière d'Harstadt témoigne de ce double courant, et présente associés des objets de bronze italien de Villanova et une grande quantité d'ornements en ambre jaune de la Baltique.

Le développement de l'âge du bronze et de l'âge du fer en Suède et les nombreuses questions qui s'y rattachent ont occupé plusieurs séances du Congrès. Quel est le chemin suivi par l'industrie du bronze? Est-elle originaire de Scandinavie et s'est-elle répandue ensuite dans les régions méridionales ? Ou bien est-elle venue du midi pour s'implanter dans le nord, s'y développer et y prendre un caractère spécial? Question difficile, sur la solution de laquelle les avis sont depuis longtemps partagés, et que les discussions savantes du Congrès de Stockholm n'ont pas encore tranchée d'une manière définitive.

Suivant M. Hildebrand, la civilisation du bronze a son originalité spéciale en Suède : les épées, les poignards ont une forme qui leur est propre, et cette industrie a été la souche commune de toutes les civilisations du bronze dont on reconnaît l'existence en Europe. Si, à la fin de

l'âge du bronze, ajoute M. Worsaae, la Scandinavie a reçu des produits du midi et de la Méditerranée, au début de cette période, elle a eu son industrie indigène avec des formes qui lui sont particulières. M. Schaffhausen et plusieurs autres membres du Congrès soutiennent, au contraire, que pour les premiers temps, il n'y a pas eu de forme originaire des pays scandinaves ; l'industrie du bronze est venue du midi et s'est développée dans les pays du nord beaucoup plus tard que partout ailleurs, et c'est alors seulement, qu'abandonnant sa forme primitive, elle a produit des types propres à la Scandinavie.

A l'industrie du bronze en Suède se rapportent les sculptures si intéressantes dont quelques roches portent l'empreinte, dans certaines provinces, et notamment dans celle de Bohusland. M. Montelius et M. Bruzelius appellent successivement l'attention sur ces antiques et curieux monuments. M. Bruzelius décrit les sculptures qu'il a découvertes récemment en Scanie, et qui représentent, fortement gravés dans la pierre, des navires avec leurs équipages, des cercles croisés, des hommes armés de marteaux qui rappellent parfaitement ceux de l'âge du bronze, des épées, des traces de pas, des hommes à cheval, des spirales simples ou doubles, etc. Toutes ces sculptures, quelles que soient les localités dans lesquelles elles ont été signalées, se ressemblent plus ou moins. La nature des objets représentés, les outils dont on a dû nécessairement se servir pour les produire, tout indique que ces monuments appartiennent à l'âge du bronze. Telle est également l'opinion de M. Desor : ces sculptures, suivant lui, correspondent aux *pierres à écuelles* de la Suisse. Qui sait, dit le savant naturaliste de Neuchâtel, si un jour ces signes ne nous fourniront pas des données sur ces temps anciens ; ce souci de transmettre aux générations futures un souvenir figuré, indique déjà un degré avancé de développement.

L'âge du bronze, considéré dans son ensemble, forme-t-il une époque bien nette, bien tranchée et parfaitement indépendante de l'âge du fer? Peut-il se subdiviser en deux phases distinctes ? M. Worsaae pense que l'âge du bronze est complétement indépendant de l'âge du fer, non-seulement en Scandinavie, mais dans la France, dans l'Italie, dans la Grèce même. En Danemarck, cette période se subdivise nettement en deux époques particulières, et il en est de même en Suède, suivant M. Hildebrand. M. Chantre retrouve cette subdivision en France, et admet pour l'âge du bronze deux périodes différentes : la première est représentée par des trouvailles auxquelles on a donné le nom de trésors, et qui se rencontrent presque toutes vers les cols des Alpes. Les objets recueillis dans ces conditions sont d'origine étrangère; ils ont à peine servi et démontrent, d'une manière évidente, que l'industrie du bronze a été importée d'Italie en France. La seconde période est caractérisée par des objets provenant de l'industrie locale, et qui sont la preuve que le travail du bronze est devenu indigène ; telles sont les palafittes du lac du Bourget, les nombreuses fonderies des vallées du Rhône, de l'Isère et du Jura, et notamment la fonderie de Larnaud, qui offre une série des plus intéressantes d'ustensiles et d'outils de fondeur. A l'appui de son opinion, M. Chantre fait passer sous les yeux du Congrès plus de quatre-vingts planches magnifiques, représentant les objets recueillis dans les stations qu'il vient d'indiquer, et signale les rapports qui existent entre plusieurs de ces objets du bassin du Rhône et ceux de la Scandinavie.

L'avis de M. Bertrand diffère de celui de M. Chantre.

Si, dans le nord l'âge du bronze se présente avec des caractères indépendants, avec une civilisation très nette et qui s'est prolongée pendant longtemps, il n'en est pas de même dans les régions du midi. En Italie, c'est à peine s'il existe à la base des terramares quelques objets de bronze isolés ; partout ailleurs, en Grèce, en Gaule, en Suisse, la civilisation pure de l'âge du bronze est presque nulle, et se confond le plus souvent avec le premier âge du fer. A plus forte raison, M. Bertrand n'admet pas que cet âge du bronze, si vaguement défini dans nos contrées, puisse se diviser, comme le voudrait M. Chantre, en deux phases distinctes. M. Cazalis de Fondouce est moins exclusif que M. Bertrand : il reconnaît que l'âge du bronze est quelquefois difficile à saisir dans le midi de la France ; cependant il existe, et, suivant lui, les grottes artificielles de la Provence appartiennent certainement à cette période.

Je citerai encore l'opinion de M. Desor, qui me paraît, dans l'état actuel de la science, le dernier mot de la question. On a prétendu, a-t-il dit, qu'il n'y avait pas d'âge du bronze ; oui, si l'on se place à un point de vue étroit et doctrinaire ; mais si l'on envisage les choses comme elles sont, on est forcé de reconnaître, avec M. Chantre, que telle forme, tel mode d'ornementation ne se sont produits qu'après tel autre, et caractérisent par conséquent des étapes dans le développement de la civilisation du bronze ; ces étapes sont peut-être improprement appelés des âges, mais c'est un fait réel, et il faut un mot pour l'exprimer.

L'âge du fer, si largement représenté dans les antiquités scandinaves, et dont les musées de Stockholm et de Copenhague nous offrent de si magnifiques séries, n'a occupé que peu de temps le Congrès. Déjà cette civili-

sation se rapproche des temps historiques. En Suède, des
trouvailles de monnaies et de bijoux d'origine grecque et
romaine, mêlés à des objets scandinaves de l'âge du fer,
nous montrent que la période préhistorique s'est prolongée, dans les pays du nord, beaucoup plus longtemps
que partout ailleurs. Je mentionnerai seulement une
communication de M. Vedel : l'île du Bornholm lui a
fourni des milliers de sculptures appartenant à cet âge et
antérieures au contact avec la civilisation romaine. Je
rappellerai également un mémoire de M. Lorange sur
l'âge du fer en Norwége. Un nombre considérable de
tumuli, répandus sur tout le sol de la Norwége, depuis
Christiansand jusqu'au cap du Nord, ont été explorés
par cet intrépide archéologue ; les plus anciens renferment des objets en bronze et en fer d'un travail et d'un
style où ne se révèle aucune influence romaine ; le corps
a été brûlé en même temps que les objets, et les cendres
sont contenues ordinairement dans des vases en terre.
D'autres tumuli se caractérisent par de petites chambres formées de dalles, et renfermant, dans des vases en
bronze, les cendres des morts ; les objets qui accompagnent ces vases sont en or ou en bronze ; ce sont des
bijoux, des ornements, des haches, des pointes de lances
et de flèches, des umbos de boucliers, souvent d'un beau
travail. Quelques-uns de ces objets, notamment les bijoux
en or, sont d'origine romaine. M. Lorange cite un vase
en bronze fort curieux, portant cette inscription : *Liberti-
nus et Aprus posuerunt.* Les tumuli les moins anciens contiennent de grandes chambres formées également par des
dalles ; les ossements y sont tantôt brûlés, tantôt non
brûlés, accompagnés d'objets qui n'ont jamais subi l'ac-
tion du feu, de vases en terre, en bronze et en verre, d'armes, de bijoux dus à l'industrie norwégienne et aussi

d'origine romaine. Ces derniers, qui ne manquent presque jamais, dit M. Lorange, dans les tumuli de la dernière époque, permettent de les relier d'une manière certaine à l'histoire des régions méridionales, et de les rapporter du IIIe jusqu'au VIIe siècle après Jésus-Christ.

Indépendamment des questions inscrites au programme et toutes relatives aux temps préhistoriques dans la Suède, plusieurs communications, concernant des sujets tout à fait étrangers aux Etats scandinaves, ont été présentés successivement pendant la durée du Congrès. Si le but principal de ces grandes réunions est d'étudier le pays dans lequel a lieu chaque session, des séances spéciales sont en outre réservées aux membres qui désirent appeler l'attention de l'assemblée sur des observations faites dans d'autres pays. Nous avons, dans cet ordre d'idées, à mentionner quelques travaux importants.

M. Hamy, qu'on entend toujours avec un vif plaisir, a fait une communication très appréciée sur le terrain quaternaire de Grenelle, près Paris. A l'aide des documents recueillis par feu M. Martin, M. Hamy démontre que dans cette station on rencontre la superposition parfaitement établie des diverses époques de l'âge de la pierre en France. L'*Elephas antiquus* se montre d'abord, à 7 mètres environ de profondeur; puis viennent successivement l'Hyppopotame, le Mammouth, et enfin le Renne. Au point de vue archéologique, des modifications analogues se reproduisent : dans le fond se trouvent les haches du type de Saint-Acheul; vers le niveau des blocs erratiques, se montrent des silex qui ont une affinité toute particulière avec ceux des cavernes de Croc-Magnon, dans le midi. Il n'est pas jusqu'aux documents anthropologiques, qui ne viennent confirmer cette curieuse superposition : à la plus grande profondeur a été recueilli un crâne qui offre assurément beaucoup de ressemblance avec ceux de Canstadt et d'Eguisheim; au niveau des blocs erratiques paraît un type tout différent, ayant une grande analogie avec celui de Croc-Magnon ; plus haut, dans les alluvions à ossements de renne, ce type est accompagné d'un autre type brachycéphale. Ainsi, ajoute M. Hamy, dans cette localité, les données géologiques coïncident d'une manière absolue avec les documents fournis par l'archéologie et l'anthropologie. Les sablières de Grenelle pourront, grâce aux recherches assidues de M. Martin, être regardées comme un type excellent des gisements quaternaires du nord de la France.

M. Cazalis de Fondouce a présenté au Congrès un mémoire tendant à établir qu'il n'existe aucune lacune entre l'âge du renne et l'époque néolithique. Envisageant successivement la question au point de vue de l'anthropologie, de la géologie, de la paléontologie et de l'industrie, M. Cazalis démontre que s'il existe des différences entre les deux époques, elles n'ont rien de tranché et d'absolu ; le changement, suivant lui, s'est opéré lentement et s'est poursuivi sans interruption, depuis le commencement de l'époque paléolithique jusqu'à nos jours. Pendant ce temps, dit-il, des races d'hommes ont vécu juxtaposées dans nos climats, et chez certaines de ces races, a pu s'élaborer en partie l'âge néolithique. Le climat, devenu peu à peu plus doux dans nos contrées, y a attiré successivement de nouvelles races d'hommes qui ont apporté, dans les arts et dans l'industrie, des éléments nouveaux, et lui ont imprimé des impulsions de nature à en modifier la direction, quelquefois d'une façon complète.

M. de Saporta a fait connaître le résultat de ses observations sur le climat de l'époque quaternaire. La question est délicate, fortement controversée et loin encore d'être résolue. Si, d'un côté, la présence d'animaux arctiques, comme le renne, le bœuf musqué, le glouton et la marmotte, indiquent une température rigoureuse; d'un autre côté, les éléphants, les rhinocéros, les hippopotames et la *Cyrena fluviatilis* marquent plutôt l'existence d'un climat tempéré. L'étude des végétaux peut aider à la solution de la question. Dans ce but, M. de Saporta signale les empreintes végétales que vient de découvrir M. Chouquet, dans un tuf quaternaire situé entre Moret et La Celle, dans la vallée du Loing, non loin du confluent de cette rivière avec la Seine. Parmi ces empreintes il faut mentionner en première ligne le figuier, *Ficus carica*, accompagné de ses fruits à l'état de moule, et presqu'aussi nombreux que ses feuilles elles-mêmes. M. de Saporta donne la liste des végétaux que M. Chouquet a rencontrés avec le *Ficus carica* et qui tous se retrouvent dans les tufs quaternaires de Canstadt ou dans ceux du midi de la France, et il en conclut que le dépôt de Moret sert de lien commun et démontre qu'en allant du midi au nord, et de la Provence à Canstadt, en passant par Paris, la végétation se modifiait alors moins brusquement qu'à l'époque actuelle. En somme, dit M. de Saporta, diffusion des espèces européennes plus uniforme que de nos jours, climat très humide, température plus élevée à la latitude de Moret, plus uniforme sans doute dans toute l'Europe, à cette époque; ce seraient là les conditions climatériques sous l'empire desquelles aurait vécu et se serait étendue la race humaine, dite de Canstadt, telle que l'ont définie MM. de Quatrefages et Hamy. En examinant les mollusques qui accompagnent les plantes de Moret, ajoute M. de Saporta, M. Tournouer est arrivé aux mêmes conclusions.

M. Dupont a entretenu le Congrès de l'*existence des animaux domestiques dans les temps préhistoriques*. Cette question est importante, car il est évident que l'introduction des animaux domestiques a été un progrès, puisqu'ainsi la subsistance de tous les jours s'est trouvée soustraite aux hasards incertains de la chasse et de la pêche, et que l'homme a eu dès lors des loisirs qu'il a pu consacrer à son développement intellectuel. Suivant M. Steenstrup, les principales espèces domestiques seraient originaires des pays où elles se trouvent. Ce fait ne paraît pas démontré à M. Dupont d'une manière absolue. L'éminent directeur du musée de Bruxelles prend comme exemple l'histoire du cheval. Cette espèce, dit-il, est très abondante à l'âge de la pierre taillée ; elle forme alors la base de l'alimentation de l'homme, comme le bœuf l'est de nos jours. Or le cheval disparaît complétement comme aliment à l'âge de la pierre polie, dans le midi, en Angleterre, etc. Ne peut-on pas se demander si le cheval n'a pas disparu de nos pays pour y revenir plus tard, importé comme en Amérique? Dans ce cas notre espèce domestique ne descendrait pas de l'espèce quaternaire.

M. Chantre a présenté au Congrès un rapport très détaillé sur un projet de légende internationale, pour la construction des cartes archéologiques préhistoriques. Tous les travaux publiés antérieurement, relatifs à ce sujet, sont résumés dans ce rapport, qui contient la légende nouvelle que notre jeune et savant archéologue a adoptée dans sa carte paléothnologique du bassin du Rhône. Une commission a été désignée par le bureau pour étudier le rapport de M. Chantre.

M. Pigorini nous a fait connaître ses nouvelles recherches sur les terramares d'Italie; il décrit notamment les faits observés par lui dans les fouilles de la terramare de Casaroldo, et annonce que le gouvernement italien, accueillant la proposition votée par le Congrès de Bologne, a décrété que cette terramare, qui appartient à l'âge du bronze, serait conservée perpétuellement comme monument national.

M. Chapelain-Duparc, au nom de M. Lartet et au sien, a communiqué le résultat de fouilles pratiquées, cet hiver, dans la grotte d'Uruty, à Sordes, vers les confins du Béarn et de l'ancien pays basque. Cette grotte a présenté deux sépultures superposées, l'une de l'époque paléolithique, et l'autre de l'époque néolithique. La première est caractérisée par un crâne humain et partie du squelette, avec cinquante-cinq dents d'ours percées, la plupart sculptées ou gravées, par des silex du type des cavernes de la Vézere, et par deux foyers superposés renfermant des os de cheval et de bœuf. La seconde sépulture, de l'âge néolithique, contient les restes de trente-trois squelettes au moins, ayant les mêmes caractères anthropologiques que le crâne rencontré plus bas ; les squelettes sont accompagnés de silex remarquables par un travail plus fini que celui des plus belles pièces scandinaves en pierre, et dont quelques-unes présentent des traces de perçage. M. Chapelain-Duparc insiste sur l'absence complète d'hiatus, qui existe entre le dernier foyer de l'âge du renne et la sépulture néolithique, et sur la persistance sur place d'un même type humain, n'offrant aucune variation de l'un à l'autre des deux âges de la pierre rencontrés dans cette caverne.

Déjà, au Congrès de Bruxelles, M. de Baye nous avait communiqué le résultat de ses recherches dans les grottes préhistoriques de la Marne, et avait signalé les sculptures de l'âge de la pierre polie, gravées sur les parois de ces grottes ; il nous a fait part de ses nouvelles découvertes et a décrit quelques-unes de ces sculptures, représentant des essais de figure humaine, des oiseaux, des haches avec leurs gaînes.

Le dimanche 16 août, à deux heures, a eu lieu la clôture du Congrès, en présence du roi et de la reine, qui avaient assisté à un grand nombre de séances. M. Desor, dans une improvisation brillante, chaleureuse, s'est chargé d'adresser les remerciements et les adieux du Congrès au roi, à la ville de Stockholm, à la Suède tout entière, dont les populations, par leur accueil sympathique, ont manifesté si vivement leur amour et leur respect pour la science. « L'institution des congrès, a dit M. Desor, a grandi peu à peu ; chaque année ses racines se sont implantées plus vigoureusement dans le sol ; chaque année ses rameaux féconds se sont étendus et multipliés, et le gland planté à la Spezia est devenu un chêne superbe et magnifique, qui vient d'atteindre, à la réunion de Stockholm, l'apogée de son développement ! » Avant de se séparer, le Congrès a choisi, sur la demande qui lui en a été faite, et à la satisfaction de tous, la ville de Pesth, pour être, dans deux années, le siége de la huitième session.

La veille au soir, le roi avait offert aux membres du Congrès une fête d'adieu, au château de Drottningholm, dans l'île de Lofen, sur le lac Mælar, à une heure à peine de Stockholm. Ce château, résidence habituelle du roi pendant l'été, est entouré d'un très beau parc. Le vestibule intérieur, du style Louis XIV, avec son double escalier décoré de statues, présente un grand caractère. La réception, du reste, était splendide ; aux membres du Congrès, le roi avait réuni les principales notabilités suédoises, et plus de mille personnes remplissaient les salons, et notamment la grande salle du palais dont les murs sont décorés de portraits en pied de tous les princes régnants du temps du roi Oscar. Les dames étaient en grande toilette, et les hommes, pour la plupart, constellés des décorations les plus variées. A neuf heures, le roi, accompagné de la reine, de la reine-mère et des dames d'honneur, fit son entrée, puis il se mêla dans la foule, aimable pour tous et causant avec plusieurs d'entre nous. A la fin de la soirée, on servit un magnifique souper auquel prirent part tous les invités. M. Worsaae porta un toast au roi pour le remercier de la protection qu'il avait accordée au Congrès, et de la sympathie qu'il n'avait cessé de lui témoigner. Sa Majesté répondit par un discours fort remarqué et très applaudi, plein de pensées nobles et libérales sur le développement intellectuel de la Suède.

A onze heures, les bateaux à vapeur qui nous avaient amenés nous reconduisirent à Stockholm. Un spectacle féerique et dont aucune description ne peut donner une idée, nous attendait sur tout le parcours. Les maisons de campagne, étagées sur les îles au milieu desquelles nous passions, avaient illuminé en l'honneur du Congrès; de tous côtés on tirait des feux d'artifice, on allumait des flammes de bengale; le lac était sillonné de petites barques garnies de girandoles aux mille couleurs. Ces lumières, variant à l'infini, suivant la marche du bateau, se réflétaient au loin dans les eaux tranquilles. Par moments une gerbe d'artifice, plus intense que les autres, éclairait les îles et le lac à de grandes distances et jusque dans leurs profondeurs les plus obscures, puis tout rentrait dans l'ombre pour s'éclairer de nouveau quelques instants plus tard. Tout cela produisait un effet vraiment magique; aussi des hourras et des bravos d'admiration s'élevaient incessamment de nos bateaux, et du rivage, on y répondait par d'autres hourras et d'autres bravos !

Les dix jours que j'ai passés à Stockholm ont été aussi complétement remplis que possible. Le temps que les excursions et les séances m'ont laissé de libre, je l'ai employé à visiter la ville, ses monuments et ses musées. Je vous ai déjà parlé du musée d'histoire naturelle, je vous dirai quelques mots du musée national, que j'ai visité à plusieurs reprises et toujours avec beaucoup d'intérêt. Il est situé sur le quai, non loin du Grand-Hôtel, dans un très beau bâtiment moderne du style Renaissance, terminé en 1863. Devant la façade principale se trouve un portique très admiré, en marbre verdâtre de Suède. Le rez-de-chaussée est occupé par le musée préhistorique, qui renferme d'inestimables trésors appartenant aux âges de la pierre polie, du bronze et du fer. La première salle est consacrée à la pierre polie : les vitrines qui l'entourent contiennent la collection générale. Les haches, les instruments en silex, au nombre de plusieurs milliers, sont classés d'après leur nature et les caractères qui les distinguent. Certaines séries sont très remarquables, notamment les haches polies, si variées dans leur forme et dans leur grandeur, et les marteaux en silex, percés d'un trou, dont quelques-uns laissent voir, d'une manière évidente, comment ces trous, si réguliers et comme polis sur les bords, ont été fabriqués; on admire également, faisant suite aux haches et aux marteaux, des flèches triangulaires, des pointes de lance, des grattoirs mille fois retouchés et d'un travail exquis, puis des objets en os, des ornements, des aiguilles, des harpons, rappelant par leur forme les flèches barbelées de l'époque du renne.

Dans les vitrines qui occupent le milieu de la salle, les objets ont été classés suivant les localités, et le résultat de chaque fouille est à part. Presque toutes les antiquités qui remplissent cette salle proviennent de la Scanie et de la Vestrogothie. Si un reproche peut être adressé à cette splendide collection, c'est d'être trop considérable et de renfermer peut-être un trop grand nombre d'objets identiques.

Les antiquités de l'âge du bronze et du fer, avec leurs diverses subdivisions, remplissent les salles suivantes. Que de richesses accumulées dans les vitrines et provenant presque toutes de la Suède!... de magnifiques épées en bronze, des poignards ciselés et ornementés, des fers de lances, de haches de toutes les formes, des vases travaillés très artistement, des couteaux, des faucilles, des broches avec les ornements caractéristiques pour le nord, de grandes fibules, des umbos de boucliers, des moules en bronze ou en pierre ayant servi à fabriquer plusieurs de ces objets, puis des milliers de bijoux en or et en argent remontant au premier âge du fer, des colliers, des bracelets, des bagues, des épingles, de splendides diadèmes, des peignes en ivoire, des aiguilles, des poinçons, etc., des quantités considérables d'ornements et de perles d'ambre, puis, réunis à ces objets, qui sont pour la plupart les produits de l'industrie locale, des médailles grecques, romaines ou byzantines, des antiquités dont l'origine romaine est certaine, et notamment un grand vase de bronze consacré, suivant l'inscription, à Apollon. Parmi les antiquités rapportées à l'époque du bronze, j'ai remarqué avec beaucoup d'intérêt quelques-unes de ces pierres énormes, couvertes de sculptures bizarres, prises sur les rochers de l'Ostrogothie, et qui ont été au Congrès,

ainsi que nous l'avons dit plus haut, le sujet d'une communication spéciale.

Le musée national comprend en outre une série d'objets du moyen âge, une collection d'armes, un cabinet de
numismatique, une galerie de sculptures et une galerie
de tableaux. Toutes ces collections, la galerie de tableaux
surtout. méritent d'être examinées avec soin, et si j'ai un
regret, c'est d'avoir eu trop peu de temps à leur consacrer.

J'ai visité aussi avec intérêt le musée ethnographique, qui renferme, parfaitement modelés et de grandeur naturelle, les types des principales populations de
la Scandinavie, les hommes, les femmes, les enfants représentés avec le costume qui leur est propre, dans leur
hutte et leur cabane, saisis pour ainsi dire au milieu des
occupations de la vie. Déjà, à l'exposition de 1867, la
Suède avait envoyé à Paris plusieurs de ces types, devant
lesquels s'arrêtaient toujours de nombreux visiteurs. Au
musée ethnographique la collection est beaucoup plus
complète, et en quelques heures, on peut passer en revue
toutes les populatoins du Nord, depuis les Dalécarliennes,
vêtues d'étoffes bariolées et éclatantes, jusqu'aux Lapons,
couverts de peaux de bêtes. La collection renferme, en
outre, exposés dans des vitrines, les armes, les ustensiles, les outils, les instruments, les engins de pêche et de
chasse, etc., employés dans chaque province; et de
plus des albums de photographie reproduisant avec
détails les costumes et les vues du pays. Cette collection
ethnographique sert de complément aux belles séries d'antiquités que renferme le musée national; là-bas, c'est la
civilisation dans son origine et dans ses premiers déve-
loppements; ici c'est, en dehors des villes, la Scandinavie
actuelle, avec ses mœurs et ses usages, et si l'on examine

les armes, les ustensiles de chasse et de pêche, dont on se sert encore dans certaines provinces du nord, on est frappé de la ressemblance que présentent quelques-uns de ces instruments avec ceux de même nature des temps préhistoriques, étude comparative qui peut jeter quelque lumière sur l'origine et la migration des peuples.

Le musée Hammer est digne également qu'on lui rende visite. C'est une collection particulière renfermant plus de cent mille objets anciens de toute nature, provenant en grande partie de la Suède. Émaux, bois sculptés, bijoux en or et en argent, objets religieux de toute espèce, faïences, verreries, porcelaines, meubles, tapisseries, tableaux, etc., tous ces objets, dont quelques-uns sont d'une valeur considérable, ont été réunis depuis longues années par un bijoutier très riche, M. Christian Hammer, et forment, au point de vue de l'industrie artistique ancienne et de l'histoire du travail dans sa plus large acception, un ensemble des plus remarquables. M. Hammer nous fit les honneurs de sa collection avec une bienveillance extrême, et comme j'admirais un magnifique vase de Nevers polychrome, tradition italienne, il m'en offrit gracieusement la photographie. Indépendamment de son musée, M. Hammer possède à Djurgarden, sur le bord du lac Mælar, non loin des jardins d'Hasselbacken, une jolie villa, remplie d'objets d'art les plus précieux. Le soir de la clôture du Congrès, M. Hammer voulut bien nous convier tous dans sa villa à une fête qui se prolongea fort avant dans la nuit; le temps, d'ailleurs, s'écoula vite, tant il y avait de choses à voir. Parmi les objets d'art j'admirai surtout deux grands vases et une glace en vieux saxe, qui sont bien les plus magnifiques pièces de porcelaine que je connaisse. Rien ne manquait à la fête, ni la musique, ni les flammes de bengale se reflétant dans le lac, ni le festin du soir arrosé de vin de champagne et terminé par les toasts de rigueur. Je partais le lendemain et je pus une dernière fois serrer la main de M. de Nord-deschiold, et faire mes adieux à M. Nilsson et à sa fille, si aimable et si charmante.

La ville de Stockholm par elle-même, en raison surtout de sa situation tout exceptionnelle, est une des capitales les plus curieuses de l'Europe, et ce n'est pas sans raison qu'on l'appelle la Constantinople du Nord. Bâtie au milieu des eaux, sur des îles et des presqu'îles, elle offre un aspect ravissant qu'on ne retrouve nulle part et qui varie à l'infini. Vu des hauteurs de Mosebacke le panorama qu'elle présente est vraiment splendide : d'un côté, le lac Mælar, de l'autre le fiord, qui conduit à la Baltique, parsemés d'îles verdoyantes; à vos pieds s'étend la ville avec ses églises, ses palais, ses musées, ses quais pleins d'animation, ses ponts jetés d'une île à l'autre, ses centaines de petits bateaux à vapeur servant d'omnibus, et à l'horizon, formant comme une vaste ceinture, des rochers de granite tantôt nus et stériles, tantôt couverts de bois et de maisons de campagne. C'est le soir surtout que la vue de Mosebacke est admirable. A Stockholm, comme dans tous les pays du nord, le ciel est presque toujours d'un blanc mat, et la ville, même dans les plus belles journées, semble noyée dans un petit nuage de vapeur; mais le soir, lorsque le soleil se couche par un temps pur, le ciel prend des teintes transparentes et rosées ; les objets les plus éloignés se dessinent nettement, et la ville, éclairée et dorée par les derniers rayons du soleil couchant, forme alors un panorama dont on ne saurait vraiment se faire une idée?

Ce que j'ai surtout apprécié pendant mon séjour à Stockholm, ce sont les habitants, c'est leur sympathie si vive

pour nous autres Français, c'est leur désir de nous être
utiles et de nous rendre agréables les instants que nous
avions à passer parmi eux. Cette bonne disposition, je l'ai
trouvée non seulement chez les Suédois, membres du Congrès, mais partout, dans toutes les classes de la société,
chez tous ceux avec lesquels nous étions en rapport. Le
séjour de Stockholm est commode pour les étrangers; la
vie y est agréable et facile. Après des journées sérieuse-
ment employées aux travaux du Congrès, aux excursions,
aux visites des musées, que de délicieuses soirées nous
passions soit à Djurgarden, soit dans les jardins de Ber-
zelius, soit à Stromparterren. Presque tous les jours,
M. de Saporta, M. de Maussion et son neveu, mon frère
et moi, et quelques autres amis, nous dînions ou plutôt
nous soupions en plein air, sur la terrasse du restaurant
d'Hasselbacken.

Le temps était ravissant et la température très douce;
nous entendions une musique excellente et nous avions
sous les yeux une des plus belles vues de Stockholm.

La cuisine, tout en étant fort bonne, s'éloignait un peu
de la nôtre, et nous ne nous en plaignions pas. En même
temps que des beefsteak saignants et des écrevisses très
grosses et très bien préparées, nous mangions du renne
fumé et de l'élan rôti mêlé à des confitures de mûres
arctiques, etc. A Hasselbacken je rencontrais souvent
M. Lovén, M. Nordenskiold, et nos soirées se prolongeaient
quelquefois jusqu'à minuit, en causant sciences et voyages
et en buvant du punch suédois mêlé d'eau glacée.

Le 17 au matin, je partis pour Christiania. Mon frère,
comme toujours, nous avait tracé notre itinéraire : au lieu
d'aller directement par le chemin de fer, il nous fit
prendre le bateau à vapeur d'Œrebro; le trajet est un peu

plus long, mais il nous permit de faire le voyage sans fatigue, de traverser dans toute son étendue le beau lac de Mælar, et de pénétrer plus avant dans l'intérieur de la Suède. Le premier jour, à cinq heures, nous arrivions à Koping, après un trajet de près de quarante lieues sur le lac, au milieu d'îles ravissantes et par un temps magnifique. Le soir nous couchions à Œrebro dans un hôtel très confortable.

Œrebro est une charmante petite ville, située au milieu de frais pâturages, sur le bord d'une rivière qui communique au grand lac d'Hjelmaren. Son antique château, sa petite église du xiiie siècle et quelques vieilles maisons lui donnent une physionomie particulière.

Le second jour nous arrivions, dans la soirée, à Kongsvinger, en pleine Norwége. Au fur à mesure qu'on s'éloigne d'Œrebro, l'horizon se resserre, les collines s'élèvent, et la route devient de plus en plus pittoresque.

Nous étions très bien installés et presque seuls dans un de ces grands wagons dont les compartiments communiquent entre eux, et nous pouvions à loisir admirer les paysages qui se déroulaient soit à droite, soit à gauche.

La route, pendant longtemps, longe le lac Wener, le plus grand de la Suède ; on passe près de Christinehamn, célèbre par ses forges, ses usines et son commerce de fonte et de fer; on arrive à Carlstad, puis à Kil, puis à Brunsberg; on traverse, sur un pont long de 2,200 pieds et à une hauteur de 140 pieds, le beau lac de Vermelen; on aperçoit à droite la petite ville d'Arvika avec ses forges et ses verreries, et enfin, à 9 heures du soir, on s'arrête à Kongsvinger, sur les bords du Glommen, pour y passer la nuit, car, en Norwége, les trains ne marchent que le jour. La ville est à droite, sur la hauteur, à un kilomètre en-

viron de la gare; j'étais logé à la gare même; de l'hôtel on
entendait gronder les eaux du Glommen.

Avant de monter dans ma chambre, malgré l'heure
avancée, j'allai voir le fleuve de plus près. Le temps était
à l'orage; de gros nuages noirs poussés par le vent par-
couraient rapidement le ciel; la lune brillait par inter-
valles. Je m'arrêtai longtemps sur le pont qui traverse le
Glommen, à une centaine de mètres environ de la gare.
Le fleuve, très large en cet endroit et bordé de rochers
escarpés, était vraiment superbe. Ses eaux rapides et
tumultueuses, tantôt noires comme de l'encre, tantôt
brillantes et argentées, lorsque la lune se dégageait un
instant, se brisaient contre les piliers du pont; elles
roulaient, comme tous les fleuves de Norwége, une
quantité considérable de troncs de sapins qui s'en-
gouffraient pêle-mêle sous les arches et souvent avec
un grand fracas, pour reparaître un peu plus loin au
milieu des flots bouillonnants. Au loin s'étendaient de
hautes collines couvertes sans doute de sapins et qui
paraissaient d'autant plus élevées, que leur sommet se
perdait dans la nuit sombre.

Je n'oublierai jamais cette visite nocturne au Glommen,
l'un des plus grand fleuves de la Scandinavie; il était
plus de minuit quand je rentrai à l'hôtel.

Nous partions le lendemain de bonne heure. Le chemin
de fer cotoie longtemps le Glommen, et je pus admirer à
loisir ses eaux, parfois calmes et tranquilles et s'étendant
au loin comme un vaste lac, le plus souvent rapides, res-
serrées et se brisant en cataractes au milieu des rochers,
partout chargées de troncs de sapins qu'elles transportent
à de grandes distances. A onze heures nous arrivions à
Christiania, et une heure après nous étions installés à

l'hôtel Victoria. N'ayant que peu de temps à rester en Norwége, je visitai, le jour même de mon arrivée, les divers musées réunis tous sur la place de l'Université. Le musée des antiquités du Nord, beaucoup moins complet que celui de Stockholm et de Copenhague, offre cependant de l'intérêt, car il renferme en grande partie des objets recueillis dans la Norwége. Les âges de la pierre polie et du bronze ne sont représentés que par un nombre de pièces assez restreint, et qui par leurs caractères se rapprochent de celles qu'on rencontre en Suède et en Danemarck. Les différentes périodes de l'âge du fer sont bien plus riches, et certains objets méritent une attention toute particulière. J'ai remarqué notamment des bracelets, des colliers en or massif, ornés avec beaucoup d'art, et qui, tout en caractérisant l'âge du fer, paraissent remonter au ixe siècle.

Le musée zoologique est parfaitement installé et classé. La collection générale d'oiseaux et de poissons est très considérable et d'une grande valeur scientifique, mais, comme à Stockholm, j'examinai principalement la série des animaux scandinaves et surtout celle des radiaires. M. le professeur Esmark, que je rencontrai à son laboratoire, nous fit, avec une bienveillance extrême, les honneurs du musée, et voulut bien m'offrir très gracieusement quelques Echinides précieux pour moi, pêchés dans le fiord de Christiania, *Schizaster fragilis*, *Brissopsis lyrifera*, etc.

Le soir même nous fîmes, en voiture, une charmante promenade aux environs de Christiania; le but de cette excursion était la visite d'Oscarshal, villa royale bâtie sur le bord du fiord.

De la tour qui domine Oscarshal, on a une vue très étendue sur le fiord et sur la ville. Cette promenade de quelques heures suffit déjà pour donner une idée de la

beauté des environs de Christiania, et de l'admirable
situation de cette ville. La vue d'Oscarshal est fort belle.
D'un côté s'étend le fiord à perte de vue, avec ses îles
élevées, profondément découpées, couvertes d'une végétation qui paraît noire à force d'être vigoureuse; à gauche
est Christiania avec son port couvert de vaisseaux, ses
monuments et ses riches maisons de campagne, et
derrière la ville, une ceinture de montagnes très hautes et
cependant boisées jusqu'au sommet.

La ville de Christiania par elle-même n'a rien de bien
séduisant, et quelques heures suffisent pour visiter son
port, ses églises, ses jardins et ses promenades; mais si la
capitale de la Norwége ressemble aux autres villes, il n'en
est pas de même de la Norwége elle-même, célèbre à
juste titre par la beauté sauvage et souvent grandiose de
ses sites. L'excursion d'Oscarshal n'était qu'une promenade; M. de Saporta et moi nous tenions beaucoup à pénétrer plus avant dans le pays, aussi le lendemain, nous
partîmes avec mon frère pour Hœnefoss, afin d'y visiter les
chutes de la Bægna. La veille au soir j'avais fait mes adieux
à M. de Maussion et à son neveu. Ils partaient pleins de
santé et ravis de tout ce qu'ils avaient vu. Que j'étais loin
de penser, en faisant mes adieux à cet excellent ami, que
je lui serrais la main pour la dernière fois!

La contrée que traverse le chemin de fer qui conduit à
Hœnefoss est très pittoresque. Les paysages les plus
variés se déroulent sous les yeux du voyageur. En quittant
Christiania, le chemin est souvent placé à mi-côte de
montagnes très élevées; d'un côté il domine le fiord, de
l'autre il est dominé par des rochers escarpés de granite
ou de porphyre.

Au sortir du long tunnel de Rœken, on découvre
tout-à-coup un des panoramas les plus splendides et

les plus étendus que je connaisse : d'une hauteur de plus de quatre cents pieds, l'œil plonge au loin et embrasse dans leur ensemble la fertile et large vallée du Lier, la ville de Drammen, les nombreux petits villages dispersés dans la vallée et le fiord qui, dans le lointain, ferme l'horizon avec ses îles de verdure. Le chemin de fer fait ensuite un long détour, traverse un immense pont sur pilotis, et vient rejoindre la ville de Drammen, qui compte 20,000 habitants et est une des plus peuplées de la Norwége, après Christiania.

A partir de Drammen, le chemin de fer reste dans la vallée et longe à droite pendant longtemps le fleuve de Dramselven qui communique au Tyrifiord, et transporte comme toujours, dans ses eaux, des troncs de sapin, s'accumulant sur certains points en quantité considérable. Le chemin cotoie bientôt, toujours sur la droite, le Tyrifiord lui-même qui devient un grand lac, dont par moments on ne distingue plus la rive opposée. Sur la gauche, pendant tout ce trajet s'élèvent de hautes montagnes, tantôt couvertes de sapins, tantôt abruptes et dénudées. Sur le flanc de ces montagnes, et souvent à de grandes hauteurs, on aperçoit çà et là des torrents qui tombent en cascades ou s'engouffrent dans des gorges profondes, au milieu des rochers, et viennent se jeter dans le fiord. Sur certains points la vallée s'élargit un peu, les pentes de la montagne s'adoucissent, et de gracieux petits villages, des fermes avec leurs maisonnettes en bois peints, leur toit couvert de mousse et de verdure, viennent animer le paysage.

On traverse successivement les stations de Skjœrdalen et d'Asck ; puis on quitte le fiord, et vers le soir on arrive à Hœnefoss, but de notre excursion. Hœnefoss est souvent visité des touristes ; l'hôtel est confortable, et nous fûmes

heureux d'y trouver un bon souper et un bon lit; de ma
chambre on entendait parfaitement le fracas de la chute
et on distinguait les vapeurs blanchâtres qui s'élevaient
au-dessus des eaux bouillonnantes. Les chutes sont au
nombre de trois : les deux premières, qui n'en font pour
ainsi dire qu'une seule, sont à deux kilomètres au-delà
de Hœnefoss; la troisième est au milieu même du village.
Le lendemain matin, de bonne heure, nous visitions les
deux plus éloignées; elles sont réellement très curieuses
et rappellent, avec un site plus sauvage encore, la chute
du Rhin à Schaffouse. Le volume d'eau qui se précipite et
s'engouffre à travers les rochers est considérable.

Au moment où nous admirions cette chute, un magnifique arc-en-ciel s'étendait d'une rive à l'autre du
fleuve, et ajoutait à la beauté du spectacle. La troisième
chute, qui a lieu dans l'intérieur du village, produit encore
un effet plus saisissant; elle est moins rapide, moins res-
serrée, mais beaucoup plus étendue; les eaux sont plus
tumultueuses, plus tourmentées et se brisent avec plus
de fracas et de force contre les rochers qui surgissent de
tous côtés au milieu des flots et les divisent à l'infini.
On aime à suivre des yeux les troncs de sapin qui rou-
lent à travers ces chutes, disparaissent un instant dans
les eaux écumantes, sans s'arrêter jamais aux anfrac-
tuosités des rochers.

Après notre visite aux chutes, je laissai mon frère, M.
Vaury, M. Leclerc de Fourolles et un de ses amis continuer
leur route vers Randfiord et s'enfoncer plus avant dans
les montagnes de la Norwége. Tout en regrettant vivement
de ne pouvoir les suivre, M. de Saporta et moi, profitant
d'une excellente calèche qui retournait à vide, nous re-
vinmes à Christiania par le côté opposé du Tyrifiord. La
route tout entière est ravissante : tantôt elle circule dans

la vallée et cotoie le fiord, tantôt elle s'élève dans les montagnes, au milieu des rochers abruptes et sauvages, et traverse de magnifiques forêts de sapins ; parfois elle est comme suspendue au-dessus du fiord, et l'on se croirait sur la route de la Corniche, entre Nice et Gênes. A Sundvolden, nous fîmes, à pied et par un temps superbe, l'ascension du Krogkleven ; il faut une heure pour monter, une demi heure pour descendre ; le chemin est très pittoresque ; du sommet on jouit d'une vue admirable, sur le fiord découpé comme une carte géographique, et sur la vallée du Ringerike, si fertile et si bien cultivée ; dans le lointain on distingue parfaitement les hautes montagnes de Norwége, couvertes de neige et de glaciers.

En dehors des paysages si variés, et qui se renouvelaient sans cesse, la route nous intéressait vivement, soit au point de vue botanique, soit au point de vue géologique. A chaque instant, M. de Saporta et moi nous descendions de voiture soit pour cueillir une plante, soit pour casser une pierre. J'essayais de reconnaître les principales roches que nous traversions. Le porphyre, avec noyaux de feldspath, si largement développé dans cette région, constitue la montagne de Krogkleven, dont nous avions fait l'ascension et descend jusque sur les bords du fiord de Hols. Le granite le remplace au fur et à mesure qu'on se rapproche de la ville de Drammen, puis, en contact avec ces roches éruptives se montrent des terrains calcaires très anciens, sans fossiles sur les points où je pus les voir, et appartenant sans doute aux couches siluriennes et dévoniennes. Hœnefoss est à plus de 60 kilomètres de Christiania ; il était près de dix heures quand nous rentrions à l'hôtel, c'est à peine s'il faisait nuit depuis quelques instants.

Nous trouvions à notre adresse un gracieux envoi de

M. le chambellan de l'Université, M. Holst, [que nous
avions été voir la veille. C'était une série de livres, de bro-
chures, de cartes publiées en Norwége, et qui nous étaient
offerts au nom de l'Université : de la botanique, de la
climatologie, pour M. de Saporta; de la géologie et de la
minéralogie pour moi.

Le lendemain, après un séjour bien court en Norwége,
suffisant cependant pour nous en faire une idée, nous
prîmes le bateau à vapeur la *Vesta*, qui conduit directement à Copenhague. La traversée dure environ trente
heures ; par ce moyen nous évitions un très long détour
en chemin de fer; nous traversions le beau fiord de Christiania dans toute son étendue ; nous nous arrêtions quelques heures à Gottembourg, et nous arrivions, le lendemain de notre départ, à Copenhague.

Avant de débarquer nous pûmes admirer, dans toute
sa splendeur, le fameux passage du Sund : la mer, assez
mauvaise la veille et dans la matinée, était calme et lim-
pide comme un lac; des centaines de vaisseaux, au milieu
desquels se dirigeait notre bateau, attendaient un vent
favorable pour franchir le passage. Les côtes de Suède
et de Danemarck, sont à peine à quelques kilomètres de
distance et notre bateau passa tout près de la jolie ville
d'Elseneur, de l'antique et puissant château de Kronborg,
bâti à l'extrémité du Danemarck la plus rapprochée de
la Suède.

En m'arrêtant à Copenhague, j'avais pour but de réali-
ser mon projet d'excursion géologique à Faxœ, dans le
milieu de Seeland. Cette course devait me prendre deux
jours. Après une nuit de repos, je fis mes adieux à mon
fidèle et très aimable compagnon de route, M. de Saporta,
qui avait besoin lui-même à Liège pour ses études bota-

niques, et que je devais retrouver la semaine suivante à
Mons.

Je vous dirai encore quelques mots de cette excursion
de Faxœ qui se rattache trop directement à mon voyage,
pour que je la passe sous silence. Je pris seul, à 8 heures
du matin, le chemin de fer de Korsor. A la station de
Hasler, je trouvai une voiture qui me conduisit à Faxœ,
où j'arrivais à midi. M. Freuchen auquel M. Lütken avait
bien voulu écrire, fut pour moi d'une amabilité parfaite ;
il fit porter immédiatement mon petit bagage chez lui, et
je devins son hôte.

M. Freuchen me conduisit dans les carrières situées
à deux ou trois centaines de mètres du pays. Elles sont
immenses, exploitées à ciel ouvert sur une surface de plusieurs hectares, et occupent plus de trois cents ouvriers.
Les calcaires extraits servent en grande partie à la fabrication de la chaux ; on en exporte chaque année en Allemagne, en Russie, pour plusieurs centaines de mille
francs. Les carrières ne sont pas très profondes, cependant les couches sont souvent disloquées, et la coupe n'est
pas toujours facile à relever : elle se compose, à la base,
d'une craie dure, compacte, mal stratifiée, dont l'épaisseur
varie entre quatre et cinq mètres, d'un calcaire corallien
à briozoaires, à polypiers, à oursins, d'une puissance d'environ deux mètres, et d'un dépôt d'alluvion plus ou moins
développé. Les fossiles sont assez rares dans les carrières de Faxœ, mais les ouvriers avaient été prévenus à
l'avance par M. Freuchen, et je pus emporter plusieurs
exemplaires fort précieux du *Cidaris Faujasi*, du *Pyrina
Freucheni* (1), de *l'Holaster Faxoensis*, et des crustacés par-

(1) Cette espèce a été dédiée par M. Desor à M. Freuchen
père, naturaliste zélé et intelligent, autrefois pasteur à Faxœ
(*Synopsis des Échinides fossiles*, p. 191).

faitement conservés. Le point de contact entre la couche à briozoaires et les alluvions est intéressant à examiner : les calcaires crétacés sont quelquefois parfaitement polis à leur surface, et marqués de stries très apparentes, toutes dirigées dans le même sens et dues sans doute à un phénomène glaciaire. A Soleure, en Suisse, à la partie supérieure des calcaires kimméridgiens, en contact avec les alluvions, j'avais déjà remarqué des stries tout-à-fait identiques. En quittant les carrières, M. Freuchen me conduisit chez le chef des ouvriers qui avait réuni depuis longtemps une série de fossiles, parmi lesquels je pus choisir tout ce qui m'intéressait. Cet homme excellent paraissait heureux de m'être agréable ; il ne savait pas un mot de français, mais par l'intermédiaire de M. Freuchen, qui le parlait un peu, il me fit savoir qu'il avait vu M. Hébert, il y a quelques années, et qu'il avait conservé de notre éminent compatriote un très bon souvenir. Nous rentrâmes à la maison où nous attendait un excellent dîner pris en famille, et auquel une délicieuse soupe aux cerises donnait un caractère local qui n'est jamais à dédaigner. M. Freuchen avait quelques fossiles de Faxœ qu'il s'empressa de m'offrir.

M. Lütken m'avait tout particulièrement recommandé de visiter les falaises de Hoirup. A 7 heures, une voiture préparée par les soins de M. Freuchen, nous conduisit à Store Heddinge, qui n'est plus qu'à quelques kilomètres de la mer. Nous devions y passer la nuit et le lendemain de bonne heure aller à la falaise.

A l'auberge de Store Heddinge, se trouvait le docteur du pays, M. Rosen, que M. Freuchen connaissait depuis longtemps. Apprenant que j'étais français et géologue, le docteur Rosen me fit l'accueil le plus aimable qu'on puisse imaginer, et se mit entièrement à notre disposition. « Etes-vous matinal, me dit-il, et voulez-vous, demain, à la falaise de Hoirup, voir le soleil se lever dans le Sund, je vous attendrai, à quatre heures, à la porte de l'auberge avec ma voiture. » J'acceptai bien volontiers, et le lendemain, à quatre heures et demi, sur le bord de la mer, j'admirais un des plus beaux spectacles qu'il soit donné à l'homme de contempler. Le temps était magnifique; le soleil, comme un vaste disque de feu, semblait émerger du sein des eaux, ses rayons se reflétaient au loin sur les flots et éclairaient les bâtiments, qui, poussés par un vent favorable, se dirigeaient vers le Sund; à droite l'île de Moën se dessinait très nettement au-dessus de la mer, avec ses hautes et pittoresques falaises de craie blanche. A Hoirup, je descendis par un étroit sentier sur le bord de la mer. La falaise que j'eus tout le temps d'étudier, a peut-être quarante mètres d'élévation; elle est formée à la base d'une craie blanche, tachante, friable avec cordons de silex noirs et quelques débris écrasés d'oursins que je rapporte à *l'Echinoconus Ræmeri*. Au-dessus est une bande de craie un peu plus résistante, pétrie de briozoaires et de pointes brisées du *Cid. Faujasi. Hardouini* etc. Cette couche, dont l'épaisseur est de 1 mètre à 1 mètre 50, est surmontée par une craie plus dure, plus compacte, exploitée avec la scie et traversée par des cordons de silex noirs; son épaisseur est de 12 à 15 mètres. Cet ensemble est surmonté par une couche d'alluvion dont la puissance est très variable. La craie de la partie supérieure étant plus compacte, forme une corniche saillante et très remarquable qui surplombe au-dessus de la mer et règne tout le long de la falaise. M. Freuchen et M. Rosen me ramenèrent à Store Heddinge. Le docteur me présenta à sa femme, à sa fille, à son fils, étudiant en médecine à Copenhague, en ce moment en vacances. Pendant notre course à la falaise, M. Rosen avait chargé son fils de réunir les fossiles et les instruments en silex qu'il possédait, et à côté de la table du déjeûner, s'en trouvait une autre couverte de tous ces objets, qui m'étaient gracieusement offerts. Peut-on rencontrer une hospitalité plus aimable et plus généreuse?

Après le déjeuner, M. Rosen me conduisit chez un horloger de Store Heddinge, qui possède une collection très complète de silex taillés et polis, haches, grattoirs, couteaux, flèches, fers de lance, marteaux de toutes formes, recueillis dans le Seeland; quelques spécimens sont vraiment magnifiques et d'une réelle valeur; l'ensemble est aussi complet que possible. Cet horloger possédait en outre quelques fossiles qu'il voulut bien me donner, notamment des radioles des *Cid. Hardouini* et *alata* qui me firent grand plaisir. L'heure s'avançait, je pris congé de l'excellent docteur, et je continuai ma route avec M. Freuchen, qui voulut absolument m'accompagner jusqu'à la fin de mon excursion et me conduire à Herfœlge, dans une petite carrière riche en échinides, indiquée sur l'itinéraire que m'avait tracé avec tant de soin M. Lütken.

De Store Heddinge à Herfœlge, la route traverse tantôt des champs admirablement cultivés, parsemés de fermes et de hameaux, tantôt de magnifiques forêts de hêtres. Je n'avais qu'une heure à passer à Herfœlge, je trouvai bien vite la petite carrière signalée près de l'église et j'y recueillis de très beaux radioles des *Cid. Hardouini*, *alata*, *perornata* et un *Echinocorys* que je crois nouveau, des huitres, des brachiopodes. Il nous fallait encore une demi-heure pour nous rendre à la station de Kjoge où je fis mes adieux bien sincères, bien affectueux, à M. Freuchen, qui pendant deux jours s'était mis à ma disposition avec tant de bienveillance et de générosité. Je revins à Copenhague très satisfait de mon excursion, chargé de fossiles et de haches, heureux surtout de l'accueil charmant et sympathique que j'avais reçu de tous côtés, et dont ma qualité de Français était certainement la première cause !

Le lendemain je repris le chemin de fer de Korsor ; je traversai de nouveau le Sleswig et le Holstein, je m'arrêtai à peine à Hambourg, et j'arrivai à Mons, la veille de la réunion de la Société géologique.

Malgré l'intérêt qu'a présenté cette session si bien préparée, si bien dirigée par MM. Cornet, Briard et Houzeau, je ne pourrais entrer dans les détails sans sortir du cadre que je me suis tracé. C'est pendant la réunion de Mons que je reçus la triste nouvelle de la mort de M. Ludovic de Maussion, qui, arrivé chez lui le 28 août, était mort le 3 septembre. Cet événement affreux, que M. Henri de Maussion, son neveu et notre compagnon de voyage, m'apprenait par une lettre touchante, fut pour moi comme un coup de foudre. M. de Maussion était un de mes meilleurs amis. Ce voyage, pendant lequel nous ne nous étions pas quittés, avait augmenté encore l'affection que j'avais pour lui, et m'avait mis à même d'apprécier davantage ses éminentes qualités. Sa mort viendra toujours jeter un voile de tristesse et de deuil sur les souvenirs les plus agréables de ce beau voyage !